U0522158

科学管理原理

[美] 弗雷德里克·温斯洛·泰勒
Frederick Winslow Taylor 著

利恒 译

THE PRINCIPLES
OF SCIENTIFIC MANAGEMENT

中央编译出版社
Central Compilation & Translation Press

出版说明
Publication note

本书的作者弗雷德里克·温斯洛·泰勒（Frederick Winslow Taylor，1856—1915年）是美国著名管理学家、经济学家，被后世称为"科学管理之父"，《科学管理原理》是其代表作。

弗雷德里克·温斯洛·泰勒出身于美国费城的一个富有家庭。由于律师家庭的背景，他在中学毕业后考上哈佛大学法律系，但最终因为眼疾而不得不辍学。1875年，泰勒去一家小机械厂当徒工，

弗雷德里克·温斯洛·泰勒

1878年转入费城米德瓦尔钢铁公司当机械工人,并一直干到1897年。这段时间里,由于泰勒工作十分努力,很快就被提拔为车间管理员,之后更是一路扶摇直上,由小组长、工长、技师到制图主任和总工程师。此外,泰勒还利用工作之余不断学习,并最终获得了机械工程学士学位。以上这些经历,使泰勒对工人所面临的种种问题有着十分深入的了解,同时也对管理工作有着独到的见解。

《科学管理原理》是泰勒的管理学著作,于1911年首次出版发行。书中主要讲述了科学管理的基本思想、基本内容及科学管理的具体方法。本书共分两章,第一章讲述科学管理的基础,第二章讲述科学管理的原理。全书结构分明,理论充实,既阐明了科学管理的真正内涵,又综合反映了弗雷德里克·温斯洛·泰勒的科学管理思想。

除了从事管理工作的人群,本书的适用对象还包括管理学专业的学生与研究者,也包括广大对管理学感兴趣的读者。

通过阅读本书,您会重新认识管理这门学科,明白它并不是遥不可及的领域,而是与我们日常生活息息相关的大事小事。了解它、学习它,会让我们的生活和工作变得更加有趣和精彩。

目录 Contents

引　言　　　　　　　　001

第一章　科学管理基础　　006

第二章　科学管理的原理　033

引　言

罗斯福总统在白宫向各州长发表讲话时，曾预见性地指出："保护我们的国家资源，只是提高国家性效率这一更重大问题的前奏。"

全美人民立即认识到了保护物质资源的重要性，并开展了一场能够有效实现这一目标的大规模运动。然而，迄今为止，美国人对"提高国家性效率这一更重大问题"的重要性的认识还十分模糊。

我们可以看到，我们的森林正在消失，我们的水力资源正在被浪费，我们的土壤正在被洪水冲入大海，我们的煤和铁正在日渐枯竭。但是，由于我们的粗心大意、指挥不当和低效率而造成的人力上的日复一日的浪费，不正是罗斯福总统所说的"国家性效率"不足吗？我们可以看到和感觉到物质资源的直接浪费，可是似乎看不见这方面的浪费，或者就算有认识也很模糊。

要想认识到这些，需要肯动脑筋并发挥想象力。因为这个原因，虽然我们每天在人力资源上的损耗远大于在物质资源上的浪费，可人们却对其中一个感慨万千，对另一个无动于衷。

到目前为止，人们还没有公开宣传鼓动"提高国家性效率"，也没有召开会议来研究如何实现这一目标。但仍有迹象表明，人们普遍感觉到了提高效率的必要性。

引言

局面从来没有像现在这样明朗。从大公司的总裁到家庭主妇，每个人都致力于寻找能胜任这些角色的人。对于人才的需求比以往任何时候都大。

然而，我们都在寻找的是一个现成的、有能力的人，一个别人曾经培养过的人。只有当我们充分认识到，我们的责任和良机在于系统地联合培养，并造就这样有能力的人，而不是寻找一个别人培养过的人时，我们才能走上提高国家性效率的正确道路。

过去盛行的观点可以用一句谚语充分地概括，那就是"工业界的领袖是天生的，而不是后天培养的"。而且这个理论认为，如果能够找到合适的人，就可以放心地让他去想办法。将来人们会认识到，我们的领导人必须是通过良好的培训造就的，好像他天生就胜任这一职位。而且，在旧的人事管理制度下,没有任何伟大的人物比得过能够进行有效合作的普通人的集体。

过去,人是第一位的;将来,制度是第一位的。然而,这并不意味着不需要伟人。相反,任何良好制度的首要目标必须是培养一流的人才。而且,在系统管理之下,最优秀的人才要比以往任何时候都更有把握、更迅速地被提拔到领导岗位上。

撰写本书的目的如下:

第一,通过一系列简单的例证,指出整个国家正在遭受的巨大损失是由我们几乎所有行为的日常效率低下造成的。

第二,试图说明这种效率低下的补救办法在于系统化的管理,而不是寻找一些不寻常的或非凡的人。

第三,证明最先进的管理是一门真正的科学,

引 言

它以明确规定的法律、条例和原则为理论基础,并进一步表明,科学管理原理几乎适用于所有的人类活动,从我们最简单的个人行为到那些需要紧密合作的大型公司的活动,都有其用武之地。简而言之,通过一系列的例证,让读者相信,只要这些原则得到了正确的应用,结果必然令人震惊。

本书最初是准备提交给美国机械工程师协会的。我相信,书中选择的实例对工业和制造业的工程师、管理人员,以及所有在这些企业工作的人都很有吸引力。我也希望其他读者能够明白,同样的原理可以以同样的效力适用于所有的社会活动,这些活动包括家庭管理、农场管理、大小商人的商业管理、教会管理、慈善机构管理、大学管理和政府部门管理等。

第一章　科学管理基础

科学管理的主要目标应该是同时确保雇主和每个雇员的财富最大化。

"财富最大化"一词在广义上不仅意味着公司和股东获得最大的分红,而且意味着各个业务分支都达到最佳的经营状况。只有这样,财富最大化才是可持续的。

同样的道理,对于每个雇员来说,财富最大化不仅意味着他比同等水平的人得到更高的工资,更重要的是，它还意味着使每个雇员的劳动生产率达到最高。因此，一般来说，他可以以其天赋和聪明才智干出最佳等级的工作来——如果有这类工作给他们做的话。

毫无疑问，管理的两个主要目标应该是雇主和雇员同时达到财富最大化。然而，在整个工业界，大部分企业的老板和员工之间其实是斗争多于合作的。大多数人都不相信他们之间的关系可以协调，使他们的利益一致。

大多数人认为，雇员和雇主的根本利益必然是对立的，而科学原理则坚信两者的真正利益是一致的。如果不实现雇员的财富最大化，那雇主的财富最大化也不可能长久，反之亦然。给工人最想要的高工资和雇主想要的低劳动成本，这两个目标是可以同时实现的。

人们将科学管理原理的希望寄托在引导上，至少让那些不同意上面提到的科学管理目标的人改变观点。有些雇主对待雇员的态度是，试图以尽可能少的工资让他们干最多的活儿。要让这些人认识到，对雇员采取更加温和的政策能给他们带来更好的回报。还有些员工认为自己的工作成果应该属于自己，仇视老板获得合理甚至大量的利润，认为资本投入不应该获取回报，或者只能获得很少的回报，这些人也应该改变观点。

没有人能够否认，对于任何一个人来说，只有当他的劳动生产率达到最高状态，即每天实现日产出最大时，才能实现财富最大化。

在两个人一起工作的情况下，这个事实也是显而易见的。举例来说：如果你是老板，你和你的伙计工作已经非常熟练，一天能做两双鞋，而你的竞争对手和他的伙计每天只做一双鞋。很明显,在卖出两双鞋后,比起竞争对手,你可以给自己的伙计付更高的工资,也能赢得更多利润。

对于更为复杂的制造企业来说,这件事也毋庸置疑。只有当企业的工作以最小的开支(包括人力、自然资源,以及以机器、建筑物等形式存在的资本费用)完成时,雇员和雇主可持续的财富最大化才能实现。换句话说:只有当组织机构中的工人或机器的产能达到最大时,才能实现财富的最大化。道理非常简单,如果你的员工和机器无法比其他企业的员工和机器制造出更多的产品,那你支付给工人的工资就会低于你的竞争对手给他的工人支付的工资。你可以比较两家激烈竞争的公司,哪一家能够支付更高的工资,并用同样的方法对同一国家的不同地区,以及相互竞争的两个国家进行比较。总之,财富最大化只能作为生产力最大化的结果而存在。本文稍后将用几家公司来举例说明。这些公司既能够获得高分红,同时向其员工支付的工资比同行竞争对手高30%至100%,这些例子涵盖从最基本到最复杂的各种工种。

如果上述逻辑是正确的,那么工人和管理层最重要的目标应该是培训和发掘企业中的每一个人,以便他能够(以最快的速度和最高的效率)完成他所擅长的最高级别的工作。

这些原理看起来似乎太过直白,许多人会认为没有必要把它们拿来论述。然而,让我们看看美国和英国的现实情况吧。英国人和美国人是世界上最爱好运动的。无论是打棒球的美国工人,还是玩板球的英国工人,可以肯定地说,他们都会竭尽全力为自己的队伍争取胜利,尽最大努力得到最高分。

对任何不在体育运动中全力以赴的人，周围的人都会有很大情绪，给他们贴上"懦夫"的标签，对他们嗤之以鼻。

当同一个工人在第二天重返工作岗位时，他不是尽一切努力完成尽可能多的工作，而是会思考如何尽可能少地完成工作。结果就是，他完成的工作远远少于本来能够完成的。在大多数情况下，他完成的工作不超过一天正常生产指标的三分之一至二分之一。事实上，如果他尽最大努力实现一天中最大的产能，就会受到同事的辱骂，遭受的伤害甚至超过在运动中半途而废而被队友唾骂。在工作中故意放慢速度，以避免每天完成更多的工作，在英格兰被称为"磨洋工"，在苏格兰被称为"怠工"。这种现象在工业机构几乎普遍存在，在建筑行业中也十分常见。我可以断言，这构成了英国和美国劳动人民现在所面对的最大时弊。

本文会在后面指出，通过消灭各种形式的"磨洋工"，合理安排劳资关系，使每个工人都能发挥最大的优势，以最快的速度工作，同时与管理者密切合作，并得到管理者的帮助（这原本就是工人应该得到的），将使每个人和每台机器的产出成倍增长。在美国和英国所讨论的改革方案中，还有什么能够在促进富裕、减少贫困和减轻痛苦方面发挥同样的作用？最近①，英美两国就关税、大公司的控制权、继承权和其他或多或少带有公共议案性质的问题（如税收）进行了激烈的争论。在这些问题上，两国人民都深受触动，然而，几乎没有人提出呼吁，要求人们关注这个更重要的问题——"磨洋工"。这个问题直接而严重地影响着几乎每一个工人的工资、财产

---

① 指作者写这本书的时间，1911年。——译者注

和生活，同时也影响着国内每一家工业企业的财富。

消除"磨洋工"的各种因素，进而消除这种现象，可以大大降低生产成本，从而拓展国内外市场，也能让我们在和贸易对手的竞争中占据优势。科学管理能够消除经济萧条、失业和贫困等问题，因此影响将比目前用来减少弊端的任何办法都更为持久和深远。它更有可能提高工资，缩短工作时间，改善工作和家庭条件。

那么，为什么面对这样一个不言而喻的事实——财富最大化只能通过工人努力达成日产量最大化来实现，我们的绝大多数人却故意反其道而行之？即使人们抱着良好的愿望努力工作，为什么他们的劳动生产率在大多数情况下却十分低下呢？

造成这种情况的原因有三个，可以简要概括如下：

第一，是这样一个在工人中普遍存在的谬误：每个人或每台机器的产出增加最终会导致大量工人失业。

第二，现在所采用的管理制度有缺陷，使得每个工人都必须"磨洋工"，或者放慢工作速度，以便实现个人利益"最大化"。

第三，几乎所有行业都在沿用单凭经验行事的低效方法，导致实际操作中浪费了工人大量的精力。

本书试图说明，我们的工人用科学的工作方法取代单凭经验行事的方法后，会取得巨大收益。

下面，我会更进一步地解释这三个原因：

第一，大多数工人仍然相信，如果他们以最快的速度工作，就会导致许多人失业，从而对整个行业造成极大的不公。然而每个行业的发展史都表明，每一次革新，无论是发明新机器还是引进更好的方法，都会提高行业中人员的生产能力，降低生产成本，不但不会让人失业，还会带来更多的工作机会。

常用物件的降价几乎都会直接导致对该物品需求的大幅增加。以鞋子为例，引进机器来取代以前的手工制鞋，使得鞋子的制作成本只是以前的一小部分，售价就很低。现在，几乎每个工薪家庭的男人、妇女和孩子每年都要买一到两双鞋，而且天天有鞋穿。而以前每个工人可能每5年才能买一双鞋，大部分时间都赤脚，鞋子只是作为一种奢侈品，在重要场合奢侈地穿一下。尽管随着制鞋机器的出现，每个制鞋工人的工作量大幅增加，但对鞋的需求也相应增加，使得在制鞋行业工作的人比以往任何时候都多。

几乎每一个行业的工人都面临这样的客观事实，然而，由于对自己行业的历史一无所知，他们仍然像父辈一样坚信，每个人每天尽可能多地工作是违背他们的最大利益的。

在这种荒谬想法的支配下，美英两国的大部分工人每天都故意放慢工作节奏，以减少产量。几乎每一个工会都已经制定或正在考虑制定一些条例，目的是让其会员少干活。而那些对工人有强大影响力的工人领袖及怀着善心帮助工人的人，则每天都在散布这种谬论，同时告诉工人，他们干得太多了。

过去就有很多关于"血汗工厂"的议论，这些议论现在依然存在。我非常同情那些超负荷工作的人，但我更同情那些报酬过低的人。然而，每一个超负荷工作的人的背后，都有很多故意在工作上少出力的人——这种情况非常严重。就是后者的"磨洋工"，导致了总体的低工资。可怕的是，至今都没

第一章　科学管理基础

有任何一个人为根除这一弊病发声。

作为工程师和管理者,我们比其他阶层都更熟悉这些事实,因此最适合发起一场运动,来将真相告诉工人,告诉全国人民,以打击这种谬误的想法。然而,实际上我们毫无作为,还将这种权力交给了那些鼓动者(其中许多人是被误导的),以及一味多愁善感,但对工人的实际工作条件一无所知的人。

第二,在现行的管理制度下,雇主和雇员之间存在的不良关系造成了"磨洋工"。对于"磨洋工"的人,我们无法用三两句话就说清楚这个原因。他们不懂,在恰当的时间完成各种工作其实符合他们的利益。而在这点上也反映了雇主们的无知。

因此,我在此引用1903年6月在美国机械工程师协会宣读的文章,题目是《工厂管理》,以便充分解释"磨洋工"这一行为的原因:

"磨洋工"有两个原因。第一，人的天性导致。每个人都想轻松愉快，这可以称为"本性磨洋工"。第二，由人和人的关系造成的复杂想法和重重顾虑引起，这可以称为"故意磨洋工"。

毫无疑问，一般人（各行各业都是如此）都倾向于慢吞吞地、轻松地工作。只有在人们经过大量的思考和观察之后，或者由于榜样、良心发现、外部压力，才会加快工作速度。

当然，有些人拥有不同寻常的精力、活力和志向，他们自发地选择最快的工作节奏，为自己设定标准并努力工作，尽管这可能违背他们的最佳利益。但是这少数不同寻常的人作为反面例子，却凸显出目前的普遍趋势。

让许多人在一起从事同样的工作，按统一

的标准支付工资,使得"懒散松懈"的思想大肆蔓延。

按照这种薪酬方式,那些原本十分优秀的人一定会放慢工作节奏,好跟那些最差的、效率最低的人步调一致。当一个天生精力充沛的人和一个懒惰的人一起工作几天之后,他会觉得非常不公平:"那个懒惰的家伙只做我一半的活儿,却能得到和我一样多的工资,那我为什么要努力工作呢?"

对在这种条件下工作的人进行细致的工作时间研究,就会发现一些荒唐又令人惋惜的事实。

举例来说:我曾经给一个天生精力充沛的工人计时,他上下班的时候以每小时3至4英里①的速度行走，工作一天后经常小跑回家。可到达工作场所后，他会立即减速到大约每小时1英里的速度。比如，当他推着一辆满载的独轮车时，上坡速度都很快，以便缩短负荷时间。可是在回程时，他立即减速到每小时1英里，绝不放过任何一个拖延时间的机会，只差坐下了。为了确保不比那些懒惰的同事干得更多，他会尽最大努力让自己慢下来。

这些人是在一位声誉良好、受到雇主高度评价的领班手下工作的。当有人提醒这位领班对这种情况加以关注时，他回答说："好吧，我可以不让他们坐下，但是连魔鬼都无法让他们在工作时走快一步。"

"本性磨洋工"是非常严重的，但是，"故

---

① 1英里约为1.609千米。——译者注

意磨洋工"给工人和雇主双方带来的害处更大。后者在各种不同的管理制度中普遍存在，这是工人们认真研究了怎么做才能符合最高利益之后做出的决定。

我最近听到了一个有趣的故事。一个12岁的经验丰富的高尔夫球童，对一个特别有精力和兴趣的新球童讲解，在跟随主人走近高尔夫球时，为什么要跟在后面慢慢走。他说，因为他们是按小时计酬的，所以跑得越快，得到的钱就越少。他最后还警告说，如果他跑得太快，其他球童就会把他打一顿。

这是一种故意的"磨洋工"，但并不十分严重，是雇主可以意识到的。如果愿意，他很容易就能制止这种行为。

然而，大部分"故意磨洋工"的目的，是

故意让雇主不知道工作可以多快完成。

这种情况如此普遍，以致在一个大企业里很难找到一个能干的人。无论是采取计时工资制、计件工资制、包工制还是任何通常计酬制，工人都会花大量时间来研究如何放慢工作速度，还能让雇主相信自己在努力工作。

简而言之，造成这种情况的原因是，几乎所有雇主都为各个等级的工人设立了一个自认为合适的最高工资额，无论是计时工还是计件工。

每个工人都能很快发现这种计算方法对他的影响，并且意识到，当他的雇主确信一个人有能力完成更多的工作时，迟早会找到某种方法迫使他完成更多，而工资只有少量增幅，或者干脆不变。

第一章 科学管理基础

雇主了解一个特定类别的工作一天能完成多少，要么根据他们自己的经验（这种经验常常随着年龄增长而变得模糊），要么根据对雇员的随机且不系统的观察；最好的也只是来自这一工作的最快工时记录。在许多情况下，雇主几乎可以肯定，某项工作能够比以往更快地完成，但他们不愿意采取强力的措施迫使工人以最快速度完成工作，除非雇主有证据证明。

因此，每个工人为了保护自己的利益，都不会更快地完成工作。年轻而缺乏经验的工人会受到老工人的教导。对于那些"贪婪又自私"的人，人们会对他们进行劝说，或者施加社会压力，避免他们为了获得暂时性的工资增长而创造新的纪录，导致所有人都要为了拿到和原来相同的工资而更加努力地工作。

在最常见的计时工资制之下，如果准确记录每个人的工作量和效率，让工作有进步的人都能得到更多的工资，解雇工作不达标的人，用精心挑选的新人来取代他们，就会在很大程度上解决"本性磨洋工"和"故意磨洋工"的问题。然而，只有当工人认为未来也没有建立计件工资制的可能性时，才能做到这一点。而且，如果工人们清楚这份工作可用计件来计算工资时，就会考虑到未来可能采用这种制度。在大多数情况下，工人们会担心雇主将最高纪录作为计件制的标准，这使他们尽可能地"磨洋工"。

正是在计件制的背景下，"故意磨洋工"才得到了极大的发展。当一个工人更加努力地工作，增加了产量，从每件产品得到的工资反而减少了20%—30%,他就会完全忽略雇主的立场,横下一条心来偷懒。如果"磨洋工"可以避免实际工资进一步削减,工人就会采取这个办法。不幸的是,对于工人的性格发展来说,"磨洋工"是故意误导和欺骗雇主的行为,因此原本正直直率的工人不得不变得虚伪。工人很快就会把雇主视为对手,离敌人就差一步。领导者和工人原本应该有的相互信任,以及为了同一个目的而工作并分享成果的感情和热忱,全都烟消云散。

在普通计件制下,工人的对立情绪十分明显,对于雇主提出的任何建议,无论多么合理,他们都会表示怀疑。"磨洋工"已经成为工人的一种习惯,虽然他们可以在不增加工作量的同时增加产量,可工人们还是煞费苦心地去限制所操作机器的产量。

至于"磨洋工"的第三个原因，本书稍后将用大篇幅说明。在各行各业的工作中，即使是最微小的细节上的改变，用科学的方法代替单凭经验行事的方法，也能给雇主和雇员带来巨大收益。通过避免不必要的行为，用高效代替缓慢和低效，我们可以节省大量的时间，从而增加产量。只有在亲眼看到一个有能力的人通过有规划的行为和时间研究所取得的进步之后，我们才能充分认识这一事实。

简单地解释一下：由于我们所有行业的工人都是通过观察周围的人来了解工作要领的，所以同样的工作有许多不同的做法。也许在每一个行业，同一个工作内容就有四五十种甚至上百种不同的完成方法；同理，完成同一类工作所使用的工具也有很大区别。现在，各行各业所使用的方法和工具中，总有一种是更快、更好的。而我们只能通过对所有正在使用的方法和工具进行科学研究和分析，同时结合准确、精密的行为和时间研究，才能发现或发明出来。这就要求在整个机械工艺中，用科学方法逐步代替单凭经验行事的做法。

这本书将指出，现行的管理制度都比较教条，每个工人都要为自己的工作承担责任，于是就会按照自己认为最好的方式完成工作，而管理层提供的帮助和建议相对较少。本书还将指出，由于工人孤军作战，这种管理制度下的工人很少会按照已经存在的科学或工艺原则和规律来工作。

本书是将此作为一般原理来进行阐述的（在后文会给出进一步的例证来证明），但是工人的每一个行为所依据的、适用于几乎所有机械工艺的科学，是如此伟大，如此深奥，以致实际从事这项工作的工人无法对这门科学有充分的理解。如果没有那些与他一起工作或管理他的人的指导和帮助，或者其本人缺乏教育、心智不足，就算他适合做这项工作，也无法深刻了解这一道理。为了使工作能够按照科学规律进行，应该在管理人员和工人之间推行一种比现行的管理方式更加平等的责任制。负责发展这一科学的管理人员，也应该指导和帮助工人在科学原则下工作，并承担更大的责任。

本文将明确指出，要按照科学原则工作，管理人员必须接管和执行那些本应由管理者完成的工作；工人进行每一个操作之前，都应该有一个或多个管理人员准备的操作要领作为引导，使他能够更好、更快地完成工作。每个人每天都应该接受领导的指导和友善的帮助，而不是像之前那样，要么被老板驱使或压迫，要么完全被放任自流，得不到任何帮助。

管理人员和工人之间这种密切的、有针对性的合作，是现代科学或任务管理的精髓。

通过一系列实例可以看出，通过这种友好的合作，即平均分担每天的责任，妨碍每个人和每台机器达到最大产出的一切障碍都被扫除了。工人的工资比施行旧管理制度时增加了30%至100%，再加上每天与管理者的密切接触，完全消除了"磨洋工"的理由。在这种制度下，再过几年，工人们就会看到，人均产出的大幅增加会给更多的人带来就业机会，而不是让更多的人失业。这会彻底推翻这一谬论。

因此，笔者认为，有些事情不但可以做，而且很有必要。通过写作和报告不仅可以教育工人，还可以教育社会的所有阶层，让他们意识到实现最大产出的重要性，但只有采用现代科学管理，这个大问题才能最终得到解决。本书的大多数读者可能会说，这些都只是理论而已。恰恰相反，科学管理的理论或思想才刚刚开始被人们理解，而管理本身是一个渐进的演变过程，已经持续了近30年。在这一时期，各行各业逐渐由普通的管理向科学的管理转变。美国现在至少有5万名工人在这样的管理体制下工作，他们的日工资比周围同等能力的人高30%至100%，而雇用他们的公司也比以前赚钱更多。在这些公司里，每个人和每台机器的平均产量翻了一番。这些年来，在这个制度下工作的人从来没有罢工过。管理人员和工人之间普遍具有友好的合作关系，代表传统管理特征的互相怀疑、提防和多少有些公开的冲突都消失了。

我已经撰写了几篇论文，说明了应该采取的权

第一章 科学管理基础

宜之计,在科学管理下已经推广开的细节,以及在从传统管理向科学管理的转变过程中应采取的步骤。但不幸的是,这些论文的大多数读者都错误地采取了机械论,却没有看到其本质。科学管理主要包括某些广泛的一般原则和一些可用于很多方面的理念,以及一种值得每个人相信的观点,也就是应用这些一般原则的最佳途径。当然,这些都不应与原则本身相混淆。

我在这里并不是要夸口说有什么灵丹妙药可以解决工人和雇主的所有问题。只要有人天生懒惰或低效,有人天生贪婪和残忍,只要罪恶和犯罪纠缠着我们,那么贫穷、苦难和不幸也将与我们同在。在由个人或者一群人控制下的管理制度或权宜之计中,没有哪一个可以确保工人或雇主持续富裕。富裕取决于许多因素,这些因素完全不受任何一群人、任何一个州甚至任何一个国家的控制，因此在一定时期内，工人或雇主双方的利益或多或少都必然遭受损害。不过可以断言，在科学管理下，人们将会更加富裕、更加快乐、远离不和谐和纷争。而且，不景气的时期会更少、更短，痛苦也会更少。在任何一个城镇，任何一个州，或者任何一个首先用科学管理原则取代单凭经验行事的国家，这种情况都会非常明显。

  我坚信，这些原理一定会在整个文明世界得到普遍应用，而且越早应用，就越能造福全体人民。

第二章　科学管理的原理

我发现,刚开始关注科学管理的人最关心三个问题。

第一,科学管理与普通管理的原理有何本质区别?

第二,为什么科学管理能比其他类型的管理取得更好的效果?

第三,难道最重要的问题不是让合适的人担任公司的领导吗?如果你物色到了合适的人选,你敢授权他去选择管理制度吗?

以下篇幅的主要目的之一,就是给这些问题一个令人满意的答案。

一般管理的最佳模式

在开始论述科学管理,或者称为"任务管理"之前,似乎有必要概述一下现在通行管理制度中的最佳模式。只有这样,才能充分认识一般管理的最佳模式与科学管理之间的巨大差异。

在一个雇用了 500 到 1000 名工人的工业企业中,通常会有 20 到 30 种不同的分工。从事这些分工的工人都是口头传授知识的,经过多年的发展,他们的工作已经从我们远古的祖先从事不同行业的雏形,发展到现在这种劳动分工日益细分的状态,每个人

第二章 科学管理的原理

都从事一些相对专门的工作。

每一代人都发挥自己的聪明才智，想出更快更好的办法，以便做好每一项工作。因此，现在使用的方法在广义上可以说是各行各业最合适、最好用的方法，它们是按照"适者生存"的法则，从原始状态演化而来的。然而，虽然这在广义上是正确的，但只有那些对这些行业非常熟悉的人才能充分认识到这样一个事实：对于任何一项具体工作，都不会只存在一种有效的方法，反而可能会有50种，甚至100种不同的方法。只要稍加思索就会知道，这必然是事实，因为我们是通过人与人之间口口相传，或者在大多数情况下，是通过个人观察而无意识地学到的。实际上，这些方法从未经过系统的分析或整理。每一代，甚至每10年的智慧和经验，无疑已经把更好的方法传递给了下一代。这种单凭经验的方法或传统的知识，可以说是每个商人的主要财富。可是在一般管理的最佳模式下，管理者们坦率地承认这样一个事实，那就是他们管辖的那30种行业的500至1000名工人拥有大量的传统知识，而其中很大一部分不属于管理者。当然，管理者包括领班和监工，在大多数情况下，他们都是其所属行业的一流工人。这些领班和监工比任何人都清楚，他们自己的知识和个人技能远远少于手下所有工人的总和。因此，最有经验的管理者通常会让工人去思考如何用更高效、更经济的办法来完成工作。他们认识到，他们面临的任务就是引导每个工人发挥积极性，以便给雇主带来最大收益。具体说，就是让每个工人的能力得到最好的发挥。本书是从最广泛的意义上使用"积极性"这个词的，涵盖了从工人那里挖掘到的所有优良品质。

第二章 科学管理的原理

另一方面,明智的管理者不会奢望能够充分调动工人的积极性,除非他给予工人的比通常他们得到的多。只有从事过管理或者在行业工作过的读者才会意识到,普通工人发挥的积极性和雇主的期望之间有着很大的差距。在20家企业中,有19家企业的工人会认为为雇主充分发挥积极性是直接违背他们的利益的,所以他们不会努力工作,而是会故意尽可能慢地工作,同时设法让上级相信他们工作效率很高。[①]

因此,我要重申,为了激发工人的积极性,管理者必须给予工人一些一般企业没有的特殊激励。这种激励方式多样,例如,迅速提拔和晋升;提高工资(要么以提高计价工资的形式,要么以超产奖和

---

① 在我的另一篇著作《工厂管理》中,我对造成这一不幸事实的原因进行了陈述。这篇论文曾在美国机械工程师协会上宣读过。——原注

红利的形式）；缩短劳动时间；改善工作环境和工作条件；等等。最重要的是，除了这种特殊激励，管理者还应该对工人表示亲切关怀，与工人友好相处。只有通过给予这种特殊的诱导或"奖励"，管理者才能调动工人的积极性。在一般的管理制度下，给工人提供"特殊激励"的必要性已经得到普遍承认，大部分对这一问题感兴趣的人认为，采用现代的薪酬方案（例如计件工资、奖金计划或红利等）几乎就是管理系统的全部了。然而，在科学管理中所采用的特别的薪酬制度只是附属要素之一。

因此，从广义上讲，通常被采用的最佳管理模式可以定义为：工人发挥最大积极性，并从雇主那里得到一些"特殊激励"的管理体制。这种管理与科学管理或任务管理不同，称为"积极性加激励"的管理。

"积极性加激励"的管理被公认为是最佳管理制度。我认为很难说服一般的管理者,让其相信在各个行业还存在着比这更有效的管理制度。因此,我面临的任务是,要以一种令人信服的方式,证明还有另一种管理制度,不仅比"积极性加激励"管理更好,而且好很多。这实在是一项艰巨的任务。

人们对"积极性加激励"管理制度是如此偏爱,仅仅指出理论上的优势是无法让他们相信还存在着更好的管理制度的。在下文中,我将通过一系列实例来说明这两种管理制度的实际运作情况,从而证明科学管理制度比其他管理制度要优越得多。一些基本原则,即一种可信的思想,被认为是科学管理制度的本质,我将举出实例来说明它。科学管理的一般原理与普通的或"单凭经验"的管理之间的区别,从其性质上看十分简单,所以有必要在开始举例之前对它们进行描述。

在传统的管理制度下，取得的成就几乎完全取决于工人的"积极性"，而这种积极性真正得到实现的情况确实很少见。在科学管理制度下，工人的"积极性"（即他们的努力、良好愿望和聪明才智）是以绝对的一致性被调动的，而且比旧制度下的范围要大得多。除了工人的这种改进之外，管理者还承担了过去从未设想的新的职责和责任。例如，管理者要收集工人已有的传统知识，然后对这些知识进行分类、制表，并将其归纳为规章制度和操作规程，这些都有助于工人的日常工作。除了发展这门科学之外，管理者还要承担其他三种类型的职责，这给他们自己带来了新的沉重负担。

这些新职责分为四大类：

第一，对工人的每一个操作进行科学研究，取代旧的凭借经验做事的方法。

第二，科学地选拔、培养和教育工人，不像过去那样由工人选择自己的工作，并尽最大努力进行自我培训。

第三，与工人密切合作，以确保所有的工作都是按照已经发展起来的科学原则进行的。

第四，管理者和工人之间在工作和职责上几乎是均分的。管理者应该承担起那些更适合他们的工作，而在过去，几乎所有的工作和大部分的职责都由工人承担。

正是这种工人的主动性与管理者所承担的新工作的结合，使得科学管理比旧的管理制度更有效率。

以上所述的前三个类型存在于多种情况中，在"积极性加激励"的管理制度下，只是初现雏形，涉及一小部分内容，重要性微乎其微。而在科学管理下，它们构成了整个管理制度的中心环节。

对于第四个类型，"管理者和工人之间在工作和职责上几乎是均分的"，需要进一步地解释说明。"积极性加激励"的管理理念要求工人必须对总体计划及其工作的每个细节承担几乎全部责任，在许多情况下还要对其工具负责。除此之外，他还必须做所有实际的体力劳动。另一方面，这门科学的发展涉及建立规章制度和操作规程，以取代单凭工人判断的做法。只有系统地记录、编制索引等工作完成之后，这些规章制度和操作规程才能发挥作用。科学数据的实际应用还需要一个用来保存账簿、工作记录等案卷[①]的办公室，以及一张供计划员使用的办公桌。因此，在旧制度下由工人根据其个人经验进

[①] 例如，在科学管理下，一个机器加工车间包括的数据记录就多达数千页。——原注

第二章 科学管理的原理

行的所有计划,在新制度下必须由管理者根据科学规律推进。因为即使工人非常适合开发和使用合理数据,他也不可能同时在机器和办公桌上工作。很明显,在大多数情况下,需要一些人来提前制定计划,再由其他人来实施。

在科学管理下,计划部门专门负责预先制定工作计划,并通过细化分工找到把工作做得更快更好的办法。在每个技工开始工作之前,先由其他人完成各项准备工作。正如我们所说的,所有这一切都涉及"管理者和工人之间在工作和职责上几乎是均分的"。

总之,在"积极性加激励"的管理制度下,所有问题是"由工人决定"的;而在科学管理制度下,有一半的问题是"由管理者决定"的。

现代科学管理中最突出的要素也许就是任务理

念。每个工人的工作至少提前一天由管理者全面规划，在大多数情况下工人都会收到完整的书面作业指南，上面详细说明了要完成的任务以及所使用的方法。按照这种方式，预先安排好的工作就构成了一项任务。正如上文所解释的那样，这项任务不是由工人单独完成的，而是由工人和管理者共同努力完成的。每项任务不仅规定了要做什么，还规定了如何做以及完成时间。只要工人在规定的时限内圆满完成，他就可以得到30%至100%的额外工资。这些任务都是经过精心计划的，因此工人在工作中需要认真仔细。但是同时也该明确，不能让工人以损害自身健康的速度来工作。每项任务都要这样拟定：在长期以这种速度工作的同时，胜任这项任务的工人也会身心愉快，变得更加富有，而不会过度劳累。科学管理在很大程度上就是事先制订任务计划并落实。

　　我充分注意到,对于本书的大多数读者来说,新的管理制度区别于旧有的管理制度的四个方面,似乎只是在唱高调。我要重申,我不会仅仅通过宣布它们的存在来让读者相信其价值,而是通过一系列的实例来展示这四个方面的巨大力量和效果。读者首先会看到,科学管理原理可以绝对适用于从最基本的到最复杂的所有类别的工作;其次,一旦它得到应用,其成效必然比采用"积极性加激励"的管理制度取得的成效大得多。

　　第一个实例是搬运生铁。之所以选择这项工作,是因为它可能是工人从事的最原始、最初步的劳动形式的典型代表。完成这项工作只需要用到手,不需要借助其他任何工具。生铁搬运工弯下腰,抱起一块重约92磅的生铁，走上几英尺①或几码，然后把它放到地上，或者另一堆生铁上。这项工作是如此原始，如此初级，我坚信完全有可能把一只聪明的大猩猩培养成一个生铁搬运工，它可能比人还能干。可是读者将要看到的是，搬运生铁包含着非常深奥的科学，最适合从事这项工作的工人也无法理解其中的管理原理，除非他能得到一位受过更好培训的人的帮助。进一步给出的例证将清楚地表明，在几乎所有的机械艺术中，每个工人的行为所依据的科学都是如此深奥，如此之多，最适合从事这项工作的工人（或者因为缺乏培训，或者因为智力不足）都无法理解其中的奥妙，也无法领会这一科学的一般原则。随着一个个实例的说明，这个道理会更加明显。在说明了科学管理的四个方面在搬运生

---

① 1英尺等于30.48厘米。——译者注

第二章 科学管理的原理

铁中的应用之后，我会举几个例子来说明它们在机械工艺领域中不同类型的工作中的应用。方法是从最简单的作业开始，逐级上升，最后列举比较复杂的工种。

当我开始向伯利恒钢铁公司介绍科学管理的时候，承担的第一项任务就是对搬运生铁采用新的计件工资制。西班牙战争爆发时，工厂旁边的料场有大约8万长吨①的生铁，被一堆堆地码起来。当时生铁的价格非常低，出售得不到什么利润，所以就被堆积在那里。随着西班牙内战爆发，生铁的价格开始上涨，人们就该把它们卖掉了。这给了我们一个很好的机会，让我们可以向工厂的工人和管理者表明，对于这种初级工作，相比传统的计时工资制，即将实行的计件工资制会优越很多。

---

① 即英吨，1长吨约为1.016吨。——译者注

伯利恒钢铁公司有五座高炉，其产品多年来都由一个生铁搬运小组搬运。当时这个小组里有大约75名工人，他们都是优秀的、具备一般水平的生铁搬运工，由一个出色的工长带领，这名工长原本也是一名生铁搬运工。总的来说，工作完成的速度和成本与其他地方都差不多。

有条铁路的岔道延伸到刚才提到的料场里，就在生铁堆的旁边。一块木板斜靠在一节车厢上。每个工人从生铁堆上搬起一块重约92磅的生铁，走向倾斜的木板，把生铁放在车厢里。

我们发现，这个小组平均每人每天能够搬运12.5长吨的生铁。经过研究之后，我们惊喜地发现，一个一等的生铁搬运工每天应该可以搬运47到48[①]长吨生铁，而不是12.5长吨。这个结果对我们十分重

---

① 见第74页的注释。——原注

要,所以为了确定结果完全正确,我们又进行了多次调查。一旦我们确信对于一个一等的生铁处理工来说,47长吨是一个适当的工作定额之后,现代科学管理制度的任务,就非常明显地摆在经理们面前了。我们的任务是确保8万长吨生铁以每人每天47长吨的速度装上火车,而不是12.5长吨的速度。我们要确保这项工作在避免工人罢工的情况下完成,不与工人们发生争吵,并确保工人们更快乐、更满足。

我们采取的第一步是科学地挑选工人。在采取科学管理制度时,和工人打交道有一个硬性规定:一次只与一个工人谈话,因为每个工人都有自己的特长和不足。而且,我们不是在和工人群体打交道,我们的目的是尽可能将每个人的劳动生产率提到最高,并为其带来最大的财富。所以,我们的第一步是找到合适的工人。我们仔细观察和研究了这75个人三四天,最后从中挑选了4个人,他们看起来有足够的体力以每天47长吨的速度搬运生铁。然后,我们对他们每个人都进行了仔细的研究。

我们尽可能地查阅了他们的经历,对他们每个人的性格、习惯和抱负进行了深入的调查。最后,我们从这4个人中选出了一个最合适的人选。他来自宾夕法尼亚州,是一个身材矮小的荷兰裔。我们注意到,他晚上下班后要小跑1英里左右回家,而且下班时跟早上小跑来上班时一样精神抖擞。我们还发现,在每天1.15美元的工资水平下,他已经成功地买下了一小块土地。在早上工作前和晚上下班后,他都会到那块土地上砌墙,给自己盖一栋小房子。他还有一个不太好的名声,就是爱财如命。正如我们采访过的一个人所说的:"一便士对他来说就

第二章 科学管理的原理

像一个车轮那么大。"这个工人的名字叫施密特。于是,摆在我们面前的任务就明确多了:让施密特在非常乐意的情况下,每天处理47长吨生铁。具体的完成步骤如下:我们把施密特从一群生铁搬运工中叫了出来,并这样对他说:

"施密特,你是个有价值的人吗?"

"我不知道你指的是什么。"

"不,你知道。我们想知道的是,你是不是一个有价值的人。"

"我还是不知道你是什么意思。"

"哦,好吧,那你回答我的问题。我想知道的是,你到底是个有价值的人,还是和这里没什么价值的伙计一样。也就是说,我想知道的是,你是想每天赚1.85美元,还是像那些没什么价值的伙计一样，满足于每天赚 1.15 美元。"

"我想不想每天赚 1.85 美元？你的意思是这就是有价值的人？是的，那我是个有价值的人。"

"哦，你真让我恼火。你当然想每天赚 1.85 美元，每个人都想要！你很清楚，让你成为一个有价值的人并非难事。看在上帝的分上，回答我的问题，不要再浪费我的时间了。过来，你看到那堆生铁了吗？"

"看到了。"

"你看到那个车厢了吗？"

"看到了。"

"好吧，如果你是一个有价值的人，明天就把那些生铁装到车厢里，你就可以赚到 1.85 美元。现在打起精神来，回答我的问题，你是不是一个有价值的人?"

"我明天把这堆生铁装到车厢里,就可以赚到 1.85 美元,是吗?"

"是的,的确如此,而且如果你 1 年当中每天都能装完这么多生铁,就能每天赚 1.85 美元。这是一个有价值的人要做的事,你和我都应该明白其中的道理。"

"好的,为了这 1.85 美元,明天我就把这堆生铁装进车厢。而且我每天都能赚这么多钱,对吗?"

"当然。"

"这样我就成了一个有价值的人了。"

"等一下。你我都明白,作为一个有价值的人,从早到晚都要完全按照一个人的吩咐去做。你以前见过这个人吗?"

"没有,我从没见过他。"

"好了,如果你想成为一个有价值的人,那么从明天开始,你就要完全按照这个人说的去做,从早到晚都是如此。当他让你搬起生铁时,你就要搬起生铁;当他让你坐下休息时,你就坐下休息。一整天你都要这么做。更重要的是,你不能顶嘴。一个有价值的人只做他被告知要做的事,而且不会顶嘴,你明白吗?这个人叫你走,你就走;他叫你坐,你就坐。你明天一早来这里工作,到了晚上我就知道你是不是一个真正有价值的人了。"

这段谈话看起来有些粗鲁,如果是用在一个受过教育的技工,或者一个聪明的工人身上,确实如此。可是对于一个像施密特这样反应迟钝的人来说,

第二章 科学管理的原理

这样的对话非常合适，而且不失和气。因为这能有效地将他的注意力集中在他想要的高工资上，如果太过温和，他会觉得这是一项无法完成的艰苦工作。

如果在"积极性加激励"的管理方式下，以一种通常的方式与施密特交谈，他的回答会是什么？你可能会这样说："施密特，你是一个一等的生铁搬运工，熟悉你的工作。现在你一直以每天12.5长吨的速度搬运生铁。我对搬运生铁进行了大量研究，确信你能完成的工作量比现在大得多。如果你全力以赴的话，你可以每天搬运47长吨的生铁，而不是原来的12.5长吨，你想试试吗？"

你觉得施密特会怎么回答？

施密特开始遵照新要求工作了，一整天都按规定行动。每隔一段固定的时间，站在他身边的那个人就会告诉他："现在去搬生铁吧，现在坐下休息吧。"叫他干活时,他就干活;叫他休息时,他就休息;下午五点半,他已经把47长吨生铁装上了火车。我在伯利恒的3年间,他几乎每天都按这样的速度完成规定的工作。在此期间,他每天的平均收入略高于1.85美元;而在此之前,他每天的收入从未超过1.15美元,这个数字是当时伯利恒的法定工资标准。也就是说,他的工资比其他不按计件工作制工作的工人高出60%。之后,一个接一个的工人被挑选出来,并接受培训,以每天47.5长吨的速度搬运生铁,直到所有工人的生铁装运速度都达到这个数字。于是,这些人的工资就比周围的其他工人高出60%。

本书已经对构成科学管理原理的四个基本组成要素中的三个进行了简要的论述:第一是对工人的精心挑选,第二和第三是按照科学的方法对工人进

第二章　科学管理的原理

行引导和培训，帮助工人按照科学的方法工作。虽然到现在还没有提到搬运生铁的科学，不过我相信，在结束这个实例的说明之前，读者会完全确信有一门搬运生铁的科学存在，而且这门科学是如此重要，如果没有主管的帮助，那些擅长搬运生铁的工人也不可能理解它，甚至无法按照这门科学的规律工作。

我当过一段时间的制模工和机械工，并于1878年进入米德韦尔钢铁公司（Midvale Steel Company）的机械加工车间工作。当时正是1873年的经济恐慌[①]之后，长期的经济萧条即将结束的时候。企业的经营非常惨淡，很多机械工都无法找到工作。由于这个原因，我没有当上正式的机械工，只好从临时工做起。算我走运，我刚到车间上班不久，原来的管

---

① 19世纪持续时间最长、打击最为沉重的一次经济危机。——译者注

理员就被发现有盗窃行为。由于没有别的人选来顶替，而且我比别人受的教育更多（我曾准备上大学），所以就被任命为车间管理员。之后不久，我就当上了机械工，操作一台车床。由于我的效率比操作同样车床的其他机械工都高，几个月后，我就被任命为车床班组长。

这个车间实行的是计件工资制，已经持续了好几年。事实上，这个车间和这个国家的大部分工厂一样，由工人自己管理，而不是由班组长管理。工人们一起仔细地计划每项工作应该以多快的速度完成，并为整个车间的每台机器设定了速度，这个速度限制在一天工作量的三分之一左右。每个新来的工人一进入车间，其他工人就会告诉他每一种工作的具体工作量，如果他不遵守这些指示，不久他就会被工人们赶出这个地方。

第二章 科学管理的原理

我刚当上班组长，工人们就一个接一个地来找我，跟我说："弗雷德，我们很高兴你当上班组长。你也知道游戏规则，我们相信你不太可能支持计件工作。如果你和我们和谐相处，那就皆大欢喜。但是如果你试图打破游戏规则，就等着我们孤立你吧。"

我直截了当地告诉他们，我现在是在为管理者工作，而且打算竭尽所能提高车间的工作效率。这立即引发了一场斗争，虽然在大多数情况下还算是友好的，因为这些工人在私下里都是我的朋友。虽说如此，这仍然是一场斗争，而且随着时间的推移，变得越来越激烈。我利用一切手段让他们完成合理的日工作任务，比如降低那些拒绝做出任何改进的较为顽固者的工资，或者将他们解雇；再比如降低计件工资的价格，以及招聘新手，亲自指导他们,并让他们意识到,一旦他们学会了如何正确工作,就可以完成合理的日工作任务。由于来自工作内外的压力,这些增加产出的工人最后只好降低产量,和其他人保持在同样的水平,否则就得离职。没有这种经历的人很难理解这样的斗争有多么激烈。在斗争中,工人们有一个通常能够奏效的权宜之计。他们用自己的聪明才智想出各种各样的方法,使他们正在使用的机器出现故障——表面上看起来显然是由于意外,或者是正常工作时间内的磨损。然后他们将这些归咎于工长,说工长强迫他们超负荷开动机器,导致机器过度疲劳,出现了故障。实际上,很少有工长能够顶得住车间里所有工人联合制造的压力。在这种情况下,由于工厂实行日夜班制度,这个问题变得更加复杂。

不过,在这场斗争中,我有普通工长不具备的

第二章 科学管理的原理

两个优点。奇怪的是，我并不是工人出身，这反而让我具备这些优点。

第一，由于我不是工人出身，老板相信，我比其他人更关心公司的利益。所以比起那些工人的话，他更相信我的话。因此，当有机械工向总管报告说，一个不称职的工长让他们超负荷运行机器，导致机器损坏时，主管总是相信我的话：是那些工人在故意损坏机器，这是抵制计件工资制度的部分斗争。而且，他还赞成我对这种人为破坏行为进行有力的回击："本车间的机器不能再出现事故。如果机器的任何部分出现故障，操作者必须赔偿部分维修费用，以这种方式收取的罚款将全部交给福利互助协会，资助那些生病的工人。"这很快就解决了故意破坏机器的问题。

第二，如果我出身于工人，曾经和他们生活在一起，他们就会给我施加巨大的社会压力，让我无法坚定地站在他们的对立面。每当我出现在大街上，他们都会叫我"无赖"，或者说一些更难听的话。我的妻子会遭到辱骂，我的孩子会被别的孩子扔石头。有几次，一些工人朋友劝我不要步行回家，因为我回家时要沿着铁路边的一条偏僻小路走大约2.5英里。我被告知，如果我继续和工人作对，将会有生命危险。可是在这种情况下，胆怯的表现往往会增加而不是减少风险。所以我让这些工人对车间里的其他工人说，我打算每天晚上沿着铁路边的那条偏僻小路回家，我从来不会也不准备携带任何武器，他们可以开枪把我打死。

  这种斗争持续了大约3年之后，机器的产量大大增加，在很多情况下甚至成倍增加，所以我被提拔为班组长，最后成了车间的领班。对于任何一个思维正常的人来说，这种提拔显然无法补偿被迫和周围工人维持这种关系的痛苦。如果生活只是和他人的不断斗争，那就没有意义了。我的工人朋友们经常来找我，私下里以一种友好的方式问我，是不是为了工人的切身利益才建议他们干更多的活。作为一个诚实的人，我告诉他们，如果我处在工人的位置，我也会反对完成更多的任务。因为在过时的计件工资制度下，他们无法赚到更多的工资，反而只能被迫更加努力地工作。

所以在当上车间领班之后不久，我就下定决心，以某种方式改变现行管理制度，让工人和管理者的利益达成一致，而不是互相对立。结果，大约3年后，一种新的管理模式得以形成。在提交给美国机械工程师学会的《计件工资制》和《工厂管理》的论文中，我对这种管理模式进行了阐述。

在为建立这一管理制度做准备的过程中，我认识到，工人与管理者之间和谐合作的最大障碍在于，管理者对于计件工资的标准到底是多少一无所知。我意识到，虽然我是车间领班，可我手下工人的知识和技能总和远超过我。所以，我征得了时任米德维尔钢铁公司总裁的威廉·塞勒（William Sellers）先生的同意，投入一笔资金，详细、科学地研究做各种工作所需要的时间。

塞勒先生认为，这在一定程度上是对我"出色地"完成车间领班的工作、让工人完成了更多任务的奖励，而不是出于别的原因。而且他说，他觉得这类科学研究得不出什么有价值的结果。

在当时进行的几项研究中，有一项是尝试找到某种规则或规律，让工长能够事先知道一个能够胜任某种体力劳动的工人一天可以完成多少工作，也

第二章 科学管理的原理

就是说，研究繁重的体力劳动对头等工人的疲劳程度的影响。我们所做的第一步是聘请了一位年轻的大学生，让他查阅所有关于这个主题的英语、德语和法语著作。之后我们进行了两类实验：一类由生理学家完成，研究人的耐久力；另一类由工程师完成，研究一人力相当于一马力的几分之几。这些实验的对象中，一些人通过曲柄绞车来吊运重物，另一些则通过走动、跑动或其他的方法来提起重物。然而，因为实验数据十分贫乏，我们并没有得到任何有价值的规律。因此，我们决定自己做一系列实验。

我们选出了两个出色的工人，他们不但身体强壮，而且工作非常努力。在实验期间，他们可以拿到双倍的工资。我们告诉他们，在任何时候都要尽其所能地工作，我们会不时对他们进行测试，以确定他们是否在"磨洋工"。一旦出现这种情况，他们就会被解雇。结果，在整个实验过程中，他们都在竭尽全力地工作。

　　需要指出的是，这些实验的目的并不是探究一个人在短时间内或几天内所能完成的最大工作量，而是想知道一个头等工人在一天内都做了什么，一个人能够年复一年地完成并能保证下班后依然精力充沛的工作量是多少。他们每天都要完成各种各样的任务，这些任务要在指导实验的年轻大学生的密切观察下进行。同时，大学生还要用秒表记录下这些工人工作时完成每个动作所需的合理时间。每一个与工作有关的因素，只要我们觉得会对工作结果产生影响，都会仔细研究和记录。我们最终希望确定的是，一个人的力量发挥到最佳水平时，能够达到一马力的几分之几，也就是一个人一天能做多少英尺磅[1]的功。

因此，在完成这一系列实验之后，每个工人每天的工作都转化成了以英尺磅为单位的能量（以下简称英尺磅能量）。令我们惊讶的是，工人一天中的最大英尺磅能量和疲劳反应之间并没有恒等或一致的关系。有些工种的工人只发挥不到八分之一马力就会筋疲力尽；还有时候，工人发挥二分之一马力也不会觉得十分疲惫。我们试图找到一个头等工人每天的最大工作量来探索指导规律，却失败了。

不过，我们获得了大量非常有价值的数据，这些数据让我们知道，对于许多工种来说，每天的合理工作量是多少。然而，再花更多的钱去探索我们

---

[1] 英制的扭矩单位，1英尺磅约为1.356牛·米。——译者注

所追求的确切规律似乎是不明智的。几年后，当我们有了更多的资金进行这项研究时，我们又开始了另外一系列的实验。这一次的实验和第一次类似，但更加彻底。而且，虽然获得了很多有价值的信息，但我们依然没有发现任何规律。几年后，我们开始了第三次实验，这一次我们不遗余力地把工作做到极致。每一个可能影响结果的细微因素都被仔细记录研究。这一次，有两个大学生花了三个月的时间来进行实验。在这些数据转化为每个人每天消耗的最大英尺磅能量之后，我们发现，一个人可实现的马力（也就是他每天最大的英尺磅能量）和疲劳反应之间没有直接关系。然而，我一如既往地坚信，对于头等工人来说，一定存在着某种明确的规律，那就是他一天的工作有哪些组成部分。而且我们的数据都是被非常仔细地收集和记录下来的，所以我觉

第二章 科学管理的原理

得找到规律所需的必要信息一定存在于这些数据之中。我们把从积累的数据中概括出一般规律的任务交给了卡尔·G.巴斯（Carl G. Barth）先生，他是一个知识非常渊博的数学家。我们决定用一种新的方法来研究这个问题，即通过绘制曲线，用图示方法来表示影响工作的各个因素，这样我们就能从全局上把握所有因素。很快，巴斯先生就发现了支配疲劳反应的规律，即劳动强度如何影响头等工人的疲劳程度。实际上，这个道理非常简单，几年前我们就应该发现并明确认识这一规律。这个规律是这样的：

它是根据这样一个前提确定的，也就是工人疲惫时，就达到了能力的极限。这是有关重体力劳动的规律，对应的是拉货车的马的劳作，而不是小步快跑马的劳作。几乎所有的这类工作都包括由工人用力推或拉这样的动作，也就是说，人的力量是通过提起或推动他手中抓住的东西来发挥的。这个规律表明，在一天之内，工人只有一定比例的动作是有负荷的。例如，在搬运生铁（每块的重量是92磅）时，一个头等工人在一天中只有43%的时间处于有负荷状态，也就是说在剩下的57%的时间中，他是完全没有负荷的。而且随着搬运重量的减少，工人在一天之内有负荷的时间就会增加。比如，如果工人搬运46磅的生铁，那他一天中可能有58%的时间处于有负荷状态，剩下的42%的时间是没有负荷的。随着负荷越来越重，工人在一天中有负荷的时间会越来越长，最终达到一整天都在搬运也不会感到疲惫的程度。当达到这个界限时，这个规律就不再能够反映一个工人的耐久力，必须找到其他能够显示工人能力的规律。

第二章 科学管理的原理

当一个工人搬起一块重达92磅的生铁时,不管是否在运动,他的手臂肌肉的疲劳程度都是一样的。然而,如果一个人静止不动,那么他就不会产生任何马力,这就说明,一个人能够实现的马力和疲劳反应之间并没有固定的联系。同样应该明确的是,在所有这类工作中,工人的手臂必须时不时地解除负荷(即工人必须休息)。在工人有负荷的全部时间里,他的手臂肌肉组织处于耗损状态,需要经常休息,以便通过血液循环让这些组织复原到正常状态。

现在我们再回到伯利恒钢铁公司的生铁搬运工那里。如果施密特没有懂得生铁搬运技巧的科研人员的指导,就为了赚取高额的工资而搬运47长吨的生铁,那他可能刚到中午11点或12点就已经筋疲力尽了。他会持续不断地搬运,导致肌肉无法得到适当的休息，所以他还没干到半天就已经累垮了。然而，如果有一个懂得这个规律的人每天站在身边指挥他的工作，直到他养成适时休息的习惯，他就能够整天按照平均的速度搬运，而不会过度疲劳。

对于一个以搬运生铁为生的人来说，最基本的要求就是他应该愚蠢和迟钝，和一头牛差不多。一个敏锐、头脑聪明的人完全不适合这种工作，因为他会觉得它十分单调，令人厌烦。所以，最适合从事这项工作的人是无法理解这项工作的真正科学的。他要足够迟钝，对"百分比"之类的词毫无概念，所以能够接受一个比他聪明的人的培训，直到养成科学规律的工作习惯，并干出成绩。

我相信，现在已经十分明显，就算在已知的最原始的劳动中，也有一门科学。如果仔细挑选适合

第二章 科学管理的原理

从事这类工作的人，如果对这类工作的科学规律进行研究，如果对精心挑选出来的人进行培训，让其按照这一规律办事，那所得到的成果一定会远超在"积极性加激励"管理之下所能取得的成果。

让我们再来看看这些生铁搬运工的情况，看看在一般的管理模式下，是否真的无法取得同样的成果。

我曾就这个问题问过很多优秀的管理者：在通常的激励工资、计件工资或者一般的管理计划下，他们是否有可能让工人达到每人每天大约47长吨的搬运量。结果大家都认为，搬运量增加到18—25长吨都不太可能。读者应该没有忘记，伯利恒钢铁公司的工人原本每人每天只能搬运12.5长吨生铁。

接下来，我们研究得再深入一些①。就科学地选

---

① 许多人质疑头等工人一天可以将47.5长吨的生铁从地面装上车皮这一说法的准确性。因此，对于那些持怀疑态度的人，我们提供了以下数据。

第一，我们的实验表明存在以下规律：一个一流的、适合从事这种工作的工人，一天中只有42%的时间处于负荷状态，有58%的时间没有负荷。

第二，把堆在料场上的生铁搬到货堆边轨道上的车皮的工人，应该每天搬运（并且确实搬运）47.5长吨（每长吨合2240磅）。

搬运这些生铁的工资是每吨3.9美分，在这里工作的人平均每天能赚到1.85美元；而在过去，他们每天只能得到1.15美元。

除了这些事实，我们还提供以下数据：

47.5长吨等于106400磅生铁。

每块生铁92磅，相当于每天1156块生铁。

每天有负荷的时间为42%，等于600分钟×0.42，也就是252分钟。

有负荷的252分钟除以1156块生铁，等于负荷每块生铁的时间是0.22分钟。

一名生铁搬运工走一步的平均速度是0.006分钟，生铁堆和车皮的平均距离是36英尺。而且事实上，许多生铁搬运工是搬着生铁一路小跑到达斜板的，放下生铁之后，又从斜板上跑下去。因此在实际搬运过程中，许多工人的速度要快过上面提到的数字。

工人在每搬运10—20块生铁之后，就会被要求休息，通常是坐下来休息。休息的时间不包括工人从车皮返回生铁堆的时间。很多怀疑工人能否搬运这么多生铁的人没有意识到，当他们返回生铁堆的时候，完全没有负荷，因此他们的肌肉在这段时间就有机会消除疲劳。值得注意的是，生铁堆和车皮的平均距离是36英尺。这些工人在一天的走动中，有8英里是有负荷的，8英里是没有负荷的。

任何一个对这些数字感兴趣的人，都可以用各种办法把它们相乘、相除，就会发现我陈述的事实都是正确的。——原注

择工人来说，事实上，在这个由75人组成的生铁搬运小组中，每8个人中只有一人有能力每天搬运47.5长吨生铁，而另外7个人受到体力限制，无法以这一速度工作。但是，8个人中的这一个并没有比小组里的其他人高明多少，他只是碰巧是一个公牛一样的工人——并不是什么稀有人种，不会因为稀少而价值连城。相反，他是一个愚蠢的人，甚至不适合做大多数体力劳动。因此，挑选工人并不是要去找一些特殊的人，而仅仅是从非常普通的人中挑选出少数几个特别适合这种工作的人。虽然在这个特定小组中，8个人中只有一个适合做搬运生铁的工作，但我们还是毫无困难地找到了所有需要的工人——有些来自工厂内部，有些来自附近的村庄。

在"积极性加激励"的管理制度下，管理者的态度是"把工作交给工人"。那么在旧的管理模式下，这些经过适当自我选择，从事生铁搬运的工人又会如何？他们是否会把小组中不适合生铁搬运的人赶走，只留下第8个人？当然不会。不管怎么说，他们都无法做出正确的自我选择。即使他们认识到这样做是获得高工资的必由之路（他们还没有聪明到能适当地掌握这种必要性），但由于与他们一起工作的朋友和兄弟会因为不适合这种工作而被暂时赶走，所以他们没有办法筛选自己的小组成员。

在原来的管理模式下，是否可能引导这些生铁搬运工（经过选择之后的）按照从事重体力工作的科学方法工作，即科学地制定作息制度？如前所述，一般管理模式的基本思想是，每个工人对自己行业的熟练程度都超过任何一个管理者，所以要由他们自己来确定完成每项工作的细节。你可能试图将这些称职的工人一个个地交给一个称职的老师，由他

第二章 科学管理的原理

来指导他们，训练他们养成新的工作习惯，直到他能够自始至终地、习惯性地按照他人提出的科学规律工作。很显然，这个想法会和之前的管理思路产生矛盾。之前的管理思路认为，每个工人都擅长制定自己的工作方式，只有最适合做生铁搬运工的工人实在太过蠢笨，无法正确地进行自我培训。由此可见，在一般的管理模式下，以科学替代单凭经验行事，科学地选择工人，引导工人按照这些科学规律工作，是完全不可能的。这是因为旧的管理思路把所有的责任都推给工人，而新的思路将大部分责任放在管理者身上。

8个生铁搬运工中有7个会被解雇，这可能会让大多数读者产生同情心。但实际上，这种同情完全没有必要，因为他们几乎都会立即被分配到伯利恒钢铁公司的其他工作岗位上。而且，把这些人从他们无法胜任的生铁搬运的岗位中解脱出来，对他们自己来说实际上是一件好事，因为这是他们找到最适合的工作的第一步。到了新的工作岗位上，在接受了适当的培训之后，他们可以永久地、合理地获得更高的工资。

　　读到这里，读者可能会相信搬运生铁的背后有一定的科学依据，但更有可能的是，读者仍然怀疑在别的工作上是否也有科学存在。这本书的一个重要目的就是使读者相信，每个工人的每一项操作都可以归纳出科学规律。因此，为了使读者完全相信这一事实，我会从手头掌握的数千个事例中挑选几个，简单地进行说明。

　　例如，一般人会问，铲运这类工作是否也有科学？聪明的读者只要有意着手去探寻铲运科学的基础，那也许只要经过15—20个小时的思考和分析，他就会找到这门科学的本质。另一方面,由于单凭经验行事的观念仍然占据主导地位,所以我至今没有见到过一个负责铲运的工头说他发现了铲运科学。但是有一点是不言而喻的,那就是这门科学确实存在。

对于一个头等铲运工来说,应该有一个给定的每锹铲运量,也就是铲运负荷。据此,他每天可以完成最大的铲运量。那这个铲运负荷是多少呢?一个头等铲运工每天的铲运负荷是5磅、10磅,还是20磅、25磅、30磅或40磅?这个问题只有经过详细的实验才能回答。首先要挑选两三个头等铲运工,因为他们干活值得信赖,所以给他们额外的工资。然后逐渐改变铲运负荷,让实验人员仔细观察随着负荷的改变而产生的所有变化。这个实验会持续数周。结果表明,在一个头等铲运工的铲运负荷约为

21磅时，他每天完成的铲运量最大。比起24磅或18磅的铲运负荷，21磅的铲运负荷完成的铲运量更多。当然，没有哪一个铲运工可以保证每次的铲运负荷都是21磅。但尽管每次的铲运负荷会因各种差异而上下波动三四磅，只要他一天中的平均铲运负荷为21磅，就能完成每天最大的铲运量。

我并不希望人们误认为这就是有关铲运的所有诀窍或规律，因为还有许多其他的要素共同构成了这门科学。但是，我要指出这一部分科学知识对铲运工作的重要影响。

例如，为了实践这一规律，在伯利恒钢铁公司的铲运工作中，每个铲工都不能选择和保管自己的铁锹，而是必须由工厂提供8至10种不同类型的铁锹，每种铁锹都只适合铲运某一特定的物料。这样不仅使工人能够铲运平均大约21磅的物料，还能让

第二章 科学管理的原理

不同的铁锹满足不同的需求。在将这项工作作为一门科学进行研究时,这提供了十分充足的证据。公司建造了一个大型工具库,里面不仅存放了铁锹,还有各种其他的工具,如铁镐和铁锹。这就让每个工人都能够得到一把铁锹,让其不管铲运何种物料,都能保证铲运负荷为 21 磅。比如,用小规格铁锹铲运矿砂,用大规格铁锹铲运灰土。铁矿砂的比重大,所以适合用小铁锹铲运;而煤屑容易滑落,所以适合用大铁锹铲运。在研究伯利恒钢铁公司单凭经验的管理方法后我发现,每个铲运工都有自己的铁锹,用来铲运铁矿砂和煤屑。铲运铁矿砂时,铲运负荷约为 30 磅;而铲运煤屑时,铲运负荷还不到 4 磅。在前一种情况下,工人超负荷工作,无法干一整天的活;在后一种情况下,由于负荷过低,所以无法完成一天正常的工作量。

为了简要说明构成铲运科学的其他要素，我们用秒表计时，进行了上千次观察，以此研究在每种情况下，使用合适的铁锨的工人干活能有多快。他把铁锨插进物料堆，再把它抽出来，这时候铁锨就有了一定的负荷。首先要观察他如何将铁锨插进物料堆中，再观察他怎么处理料底，也就是物料堆的边缘部分，最后观察他如何使用铁锨。另外，还要精确测定出工人以特定的水平距离和高度将物料抛出时所需的时间。在获得这些数据之后，再结合生铁搬运工的例子中所描述的疲劳度规律，指导人员就可以为铲运工提供帮助了。首先要教会他们发挥最大力量的方法，然后要合理地为他们分配日常任务。如果工人每天圆满完成铲运任务，就可以获得更多奖金。

当时在伯利恒钢铁公司的工场里，大约有600名

第二章 科学管理的原理

这样的铲运工和其他工人从事这一工作。这些人分散在一块大约2英里长、0.5英里宽的场地上干活。为了使每个工人都能得到合适的工具和适当的指导，就有必要建立一套详细的制度来指导工人工作，而不是像过去那样，在几个领班的带领下，将工人们分成大的班组进行管理。每个工人早上开始工作的时候，都会从他自己的专用文件架上拿出两张纸，其中一张纸上写着他要从工具库拿什么工具，在哪里干活；另一张上写着他前一天的工作完成情况，还有他做了什么工作，他前一天挣了多少钱，等等。这些工人中有许多是外国人，看不懂本国文字，也写不好，但他们一眼就能看出这份报告的要点。因为黄颜色的单子说明他前一天没有完成全部任务，并通知他当天没有挣到1.85美元。赚不到高工资的人，是不被允许留在这个小组里的。这也就告诫他们，他们必须在第二天挣到全额工资。因此，工人在收到白色的单子时，就知道一切正常；而如果他们收到的是黄色的单子，就意味着他们必须做得更好，否则就会被调到其他工种。

  以这种方式和每个工人打交道，就需要为负责这一部分工作的监工和办事员设立一个办公室。在这个办公室里，每个工人的工作计划都提前安排好了，工人们会按照办事员的安排，在不同地方工作。办事员的面前都摆放着详细的图表或地图，就像棋手在棋盘上移动棋子一样。另外，公司还建立了一套电话和通信系统，这样就彻底消除了因为一个工作地的工人太多，另一个工作地的工人太少而造成的窝工和浪费时间的情况。在旧的管理制度下，工人们日复一日地在一个较大的班组里工作，每一组都由一个领班负责，不管这个领班手头上的工作任务是多是少，班组规模几乎保持不变。因为管理者曾经片面地认为，每一组都必须保持足够的规模，才能应对随时可能出现的新工作。

当不再通过大班组或大集体与工人打交道，而是开始把每个工人作为研究对象时，如果工人没有完成任务，就应该派一个有能力的老师对他进行详细指导，让他知道怎样才能最好地完成工作，开导、帮助和鼓励他。同时，老师还要研究他成为一个称职的工人的可能性。这样，在个性化管理工人的方式下，不会因为工人的某次失职而蛮横地解雇他，或者降低他的工资，而是留给他改进的时间并为他提供帮助，使他熟练掌握目前的工作，或者把他调换到更加符合他体力和智力的工作岗位。

所有这一切都需要管理者的友好合作，而且比起以前在大班组里监管工人的做法，更加需要建立起一套严密的组织制度。在这种情况下，这一组织由以下几类人员构成：一类是前面提到的，通过时间研究来为工人提供帮助的员工；一类本身就是熟练的工人，他们扮演老师的角色，帮助和指导工人进行工作；一类在工具库工作，为工人提供合适的工具，并保证工具摆放有序；还有一类人事先做好工作安排，好让工人能够从最短的时间内从一个工作地点转移到另一个工作地点，还要准确记录每个工人的收入等。这就为管理者和工人之间的协作打下了一个基础。

此后，自然就产生了这样的问题：建立这样一套严密的组织有没有必要，也就是说，这样的一套组织是否负担过重。开展计划第3年的结果，能够很好地回答这个问题。

工场里的工人数从 400—600 人减少到大约 140 人

每人每天平均完成的长吨数从 16 长吨增加到 59 长吨

每人每天的平均收入从 1.15 美元增加到 1.88 美元

搬运每长吨（2240 磅）生铁的平均成本从 0.072 美元降至 0.033 美元

而在每长吨 0.033 美元的成本中，还包括办公室和工具库费用，以及所有监工、工长、办事员和时间研究员等的工资。

这样算下来，新管理制度比旧的管理制度每年节省约 36417.69 美元。在随后的半年中，当工厂的所有工作都改为计件工资制时，每年节省的费用能达到 75000 美元至 80000 美元。

也许在取得的所有成果中，最重要的是对工人本身的影响。我们对这些工人的情况进行仔细调查后发现，在 140 名工人中，只有两人是喝酒的。当然，这并不意味着他们中的大多数滴酒不沾，而是说，一个经常喝酒的人会发现，自己几乎不可能跟得上既定的节奏，所以他们在干活时，头脑要保持清醒。他们中的很多人（虽然不是绝大多数）都在存钱，比以前生活得更好了。这些人组成了我所见过的最优秀的劳动者群体，他们把主管和指导老师视为最好的朋友，而不是强迫他们做苦工的工头，也不是强迫他们做额外工作却只给一般工资的黑心老板。这些最好的朋友指导他们，帮助他们赚取比以往高得多的工资。任何人都不可能挑起这些工人和雇主之间的矛盾。这是一个非常简单但有效的例子，

第二章 科学管理的原理

说明了"同时实现雇主的财富最大化和雇员的财富最大化"这两个管理的主要目的的含义。显然,应用科学管理的四个基本原则同样能够产生这样的成果。

之后,我们又研究了影响工人日常工作的原因。我在这里要提到的例子是工人丧失劲头和工作积极性的情况,一般来说,这种情况会发生在将工人放在大班组中监管而不是个别对待时。仔细分析一下不难发现,如果把工人放在大班组里监管,每个人的效率都会非常低,因为他们的劲头没有被激发出来。如果工人在大班组里工作,效率甚至会低到班组里最差工人的水平。把他们放在大班组里,不但不会让他们有所提升,反而会把他们向下拉。为此,伯利恒钢铁公司发布了一个总命令,在没有总裁签署的特别许可证(有效期只有一周)的情况下,每个班组中的工人不能超过4个。这就要求给每个工人尽可能安排一份适合他的工作。由于该工厂有 5000 名左右工人，总裁要处理的事情太多，所以没什么时间来签署这些特别许可证。

在用这种方法将大班组瓦解之后，经过精心挑选和对成员科学的个性化培训，公司培养起来了一批异常精干的矿砂铲工。每个人每天都要单独去一辆车上卸货，他的工资取决于工作的完成量。卸得最多的工人，拿到的工资也最多。这是一个不同寻常的机会，说明了个性化管理工人的重要性。这些矿砂大部分来自苏必利尔湖地区，同样的矿砂用完全相同的车辆被运输到匹兹堡和伯利恒。匹兹堡缺少矿砂装卸工。听说伯利恒培养了一批优秀的工人，当地的一家钢铁厂就派了代理人过来借用伯利恒的工人。从同样的车辆上，用同样的铁锹装卸，匹兹堡钢铁厂支付的卸料费是 4.9 美分每长吨，而伯利恒钢铁公司支付的是3.2美分每长吨。在仔细考虑了这一情况之后,我们认为,在伯利恒,为卸下1长吨矿砂支付3.2美分是不明智的,因为按照这个速度,伯利恒的工人每人每天的收入会远高于1.85美元,这个价格比伯利恒周围的工资标准高出60%。

一系列的实验,再加上密切的观察,已经证明了这样一个事实:给具有这种能力的工人一项经过精心测算的任务,需要他们用一整天来干完。为补偿工人所付出的特殊努力,不但要支付正常工资,还要额外付给他60%的工资。这种工资的增加往往使他们变得更节俭、更善良、更加理智,生活得更好,工作也更踏实。但是也有一些人在工资的涨幅超过60%之后,就开始不规律地工作,或多或少会变得懒惰、奢侈和放荡。换句话说,我们的实验表明,对于大多数人来说,过快地致富并非好事。

由于这个原因，我们决定不提高这些铲运工的工资。我们把他们逐个叫到办公室进行谈话，对他们说："现在，帕特里克，你已经向我们证明了你是一个有价值的人。你每天的收入高于1.85美元，这说明你正是我们这个铲运班组想要的那种人。现在从匹兹堡来了一个人，他为铲运矿砂开出的价格是4.9美分每长吨，而我们只能支付3.2美分每长吨。因此，我认为你最好向那个人申请这份工作。当然，你要知道，我们会因为你离开这里而深感遗憾，但是你已经证明了你是一个有价值的人，我们也很高兴看到你有机会赚更多的钱。不过你要记住，如果有一天你失业了，你可以随时回到我们这里。像你这样有价值的人，在我们班组中，总会有你的岗位。"

几乎所有的铲运工都接受了这个建议，去了匹兹堡，但是大约六个星期后，他们中的大多数人又

第二章 科学管理的原理

回到了伯利恒,按照每长吨 3.2 美元的价格装卸矿砂。在他们回来后,我和其中的一个进行了如下谈话:"帕特里克,你怎么又回来了?我还以为我们失去了你。"

"好吧,先生,我来告诉你是怎么回事。我们到达那里之后,吉米跟我,还有另外的 8 个人被分配到一节车皮上干活。然后我们就开始铲矿砂,就跟在这里的时候一样。大约半个小时后,我看到身边的一个小恶棍几乎什么都没做,就对他说:'你为什么不干活?如果不把这些矿砂卸下来,我们在发薪日就拿不到钱。'他转过身来对我说:'你是谁?这不关你的事,你最好少管闲事,否则我就把你从这辆车上扔下去。'我真想朝他吐口水,把他淹死,可是其他所有人都放下了铁锹,看起来好像支持他。于是,我走到吉米面前,用所有人都能听见的声音大声说:

'吉米，从现在开始，那个小恶棍铲一锹，咱们就铲一锹，多一锹都不铲。'然后我们就都盯着他，他铲一锹，我们就铲一锹。结果到了发工资的时候，我们的收入比在伯利恒的时候还要少。之后我和吉米去找了老板，向他要一节单独的车皮，就像在伯利恒时一样，可他却让我们少管闲事。到了下一次发工资的时候，我们的工资还是比在伯利恒的时候少，所以我和吉米就召集了过去班组的所有人，带他们重新回到这里工作。"

在这些人为自己干活时，工资标准是每长吨 3.2 美分；在大班组里干活，工资标准是每长吨 4.9 美分。相比之下，在前一种情况下，工人赚的工资反而多于后一种情况。这再次表明，按照最基本的科学原则办事，也能够带来巨大的收益。而且同时也表明，在运用这些科学原则时，管理者在与工人协作方面

第二章 科学管理的原理

必须要尽到职责。匹兹堡的管理者知道在伯利恒是如何取得成果的,但是他们不愿意做那些琐碎的麻烦事:不愿意花钱做计划;不愿意为每个铲运工分配一节车皮;不愿意对每个人的工作进行单独记录,并按他的收入支付报酬。

砌砖是一门非常古老的行业。几百年来,这一行业使用的工具和材料几乎没什么改进,实际上,砌砖的方法也没有改进。尽管有数百万人从事这一行业,但多少代人都没有对其进行大的改进。所以,在这个行业,人们期待着对其进行科学分析和研究,对其进行改进,哪怕收效甚微。我们协会的成员之一弗兰克·B.吉尔布雷斯(Frank B. Gilbreth)年轻时就学过砌砖,后来对科学管理的原理产生了兴趣,并决定把它们应用到砌砖工艺中去。他兴致勃勃地对砌砖过程中的每个动作进行了认真的分析和研究,一个接一个地消除了所有不必要的动作，用快动作代替慢动作。对于以各种方式影响砌砖工人的工作速度和疲劳程度的细节，他都进行了实验。

他把砌砖工人的每只脚与墙、灰浆箱和砖堆的关系确定下来，这样工人就不必每次砌砖时都在砖堆之间来回移动一两步。

他还研究了放置灰浆箱和砖堆的最佳位置，然后设计了一个脚手架，在上面铺上平板，再把所有的材料都放在上面，以便保持砖、灰浆、人和墙壁的相对位置。这些脚手架由专人管理，随着墙壁高度的增加，脚手架的高度也会调整。如此一来，砌砖工就不用为了取一块砖或者一刀灰浆而俯身到脚面处，再站直身体砌砖。体重150磅的砌工每次砌一块砖（重约5磅），都需要做这个动作，而且每天都要做上千次。

进一步的研究成果，是在砖块从车上卸下来之后，送到砌砖工那里之前，由一名工人仔细分类，并使这些砖块最平整的一面向上。砖被放在一个简易的木质框架上，这样做是为了让砌砖工在最短的时间内，从最便利的位置上抓住每一块砖。这样一来，砌砖工人就不必在砌砖之前把砖翻来覆去地检查，也不用再花时间去选择砖的哪一面最平整，以便砌在墙的外面。而且，在大多数情况下，他也不用再花时间去清理散落在脚手架上的砖块。这个砖块"包"（吉尔布雷斯先生对他装好的木质框架的称呼）由辅助工放置在可调节脚手架的适当位置上，靠近灰浆箱。

我们都看到过，砌砖工把每块砖放上灰浆床后，总会用泥刀的末端把砖敲打几下，以确保接缝的厚薄度合适。吉尔布雷斯先生发现，只要把灰浆的稀稠调得恰到好处，把砖放上去之后，轻轻用手一压，就能让砖砌到合适的位置。因此，他坚持要求调和灰浆的工人要特别注意这一点，这样就能节省砌砖工敲打砖头的时间。

通过对砌砖工人在标准条件下的动作的研究，吉尔布雷斯先生将砌每块砖的动作从18个压缩到5个，有时候甚至可以减少到2个。在他的《砌砖方法》一书的"动作研究"章节中，他给出了这项分析的所有细节。该书由纽约和芝加哥的麦伦C.克拉克（Myron C. Clerk）出版公司和伦敦的E. F. N. 斯邦（E. F. N. Spon）出版公司出版。

现在让我们看一看，吉尔布雷斯先生是如何将砌每块砖的动作从18个减少到5个的。这种改进是通过三种方法实现的：

第一，他完全省略了过去砌砖工认为必要的某些动作。经过仔细研究和实验，他发现这些动作毫无用处。

第二，他设计了一些简易的装置，比如可调节脚手架和放置砖块的框架。通过这些装置，只需要一个廉价的辅助工的少许配合，就可以完全消除许多劳累而耗时的动作，而这些动作在缺少脚手架和框架时是必需的。

第三，他教砌砖工同时用两只手做简单的动作。之前他们总是用右手完成一个动作后，再用左手完成另一个动作。

例如，吉尔布雷斯先生教砌砖工用左手捡起一块砖，与此同时，用右手拿起一铲灰浆。当然，这种双手同时进行的工作是通过用一个很深的灰浆箱代替原来的灰浆板（灰浆板上的灰浆铺得很薄，要想取到灰浆，必须挪动一两步），然后把灰浆箱和砖堆靠得近一些，放在高度合适的新脚手架上来实现的。

这三个方面的改进非常典型。在任何一个行业，使用吉尔布雷斯先生所称的时间研究，或者我称之为工时研究的方法，就可以完全消除那些不必要的动作，用较快的动作代替较慢的动作。

大多数有实践经验的人（几乎所有的工匠都反对改变他们的方法和习惯）都会怀疑这类研究是否能真正取得大的成果。吉尔布雷斯先生报告说，几个月前，他指导盖起了一座巨大的砖砌建筑。他会以此为例，从商业的标准去证明，由于实际应用他的科学研究成果，获得了巨大收益。砌砖工会的砌砖工在砌一堵约30厘米厚的墙时，要用到两种砖，在墙两面砖的接缝处抹上灰浆，还要画线。他计算了一下，在他挑选的工人熟练掌握了新方法之后，平均每人每小时砌350块砖；而从农村来的工人用原来的方法，平均每人每小时只能砌120块。班组长会把吉尔布雷斯先生的这些新方法教给砌砖工，如果一个工人经过培训还学不会，就会被辞退。而那些在新方法培训下熟练起来的工人，工资都得到了巨额（不小的）增长。为了促进工人的个性化发展，激励每个人尽最大努力，吉尔布雷斯先生还发明了一种巧妙的方法来测量和记录每个工人所砌的砖的数量，并且每隔一段时间就告诉每个工人他砌了多少块砖。

只要把这项工作和我们某些领导无方的砌砖工会的专制情况进行比较，就能看到大量的劳动力正在被浪费。在一个外国城市，砌砖工工会对他们的工人的要求是，如果是为市政公司工作，每人每天砌275块砖；如果是为私营公司工作，每人每天砌375块砖。这个公会的会员可能打心底认为，限制工作量对他们的行业有利。但是所有人都应该知道，这种蓄意的"磨洋工"几乎是犯罪行为,因为它不可避免地导致每个工人的家庭为住房支付更高的租金,最后还会使这个行业和会员失去工作的机会,被赶出城去,而不是被引进城来。

一个早在公元前就已经存在,现在也依然存在的行业,为什么迄今为止所使用的工具都没有什么实际的变化?为什么以前没有出现过简化砌砖动作并由此获得巨额收益的事情?

这些年来,个别砌砖工很有可能已经意识到,消除这些不必要的动作是有可能的。但是在过去,即使哪个砌砖工确实发明了吉尔布雷斯先生做的每一项革新,也很难通过单独采用这些革新来提高他的速度。注意,在所有情况下都是几个砌砖工一起工作,而且建筑物周围的墙壁必须以同样的速度建造。所以,没有哪一个砌砖工人的速度能比他旁边的工人快很多,也没有任何一个工人有权力让其他人与他合作,把工作做得更快一些。只有通过实施"强制性"的标准方法,"强制性"地采用最好的工具且满足操作条件,以及"强制性"地合作,才能保证工作做得更快。而实施各项标准和协作的职责完全在于管理者。管理者必须不间断地提供一名或多名教师,向每个新工人教授简单的新动作,并不断观察和帮助那些动作较慢的人,直到他们的速度符合要求。管理者还要解雇那些在经过适当指导之后,仍然不愿意或者不能按照新的方法工作的工人。当然,管理者还要认识到这样一个事实,即工人不会按这种更严格的准则办事,也不会加倍努力工作,除非他们会得到额外报酬。

所有这些都需要对每个工人进行单独的研究,而在过去,他们都是被放在一个大班组里统一行动的。

　　管理者还必须确保那些准备砖和灰浆及调整脚手架等的工人把工作做好，与砌砖工协调合作。并且，管理者还要在空闲休息时常提醒砌砖工的进度，以免他们在无意中放慢速度。因此，我们可以看到，正是因为管理者承担起了新的职责和新的工作，才让这种巨大的革新成为可能。而且，如果没有管理者的帮助，即使工人充分了解新方法并抱有强烈的意愿，也不可能取得这些令人吃惊的成果。

　　吉尔布雷斯先生的砌砖方法为真正有效的协作提供了一个简单的例证。这已经不是那种以所有工人为整体和管理者进行的协作，而是一些管理者（每个人都有自己独特的方式）单独帮助每个工人。他们一方面研究工人的需要和缺点，教他更好、更快的方法；另一方面，对于管理者接触的其他工人，他要认识到这些工人可以帮助他,并与他合作,正确、快速地完成工作。

因此,我对吉尔布雷斯先生的方法进行了全面的研究,以便充分说明,这种劳动生产率的提高和工作的协调,在"积极性加激励"的管理制度下(也就是说,把问题交给工人单独解决)是不可能实现的,那是一种过时的管理思路。他的成功应归功于对构成科学管理本质的四个要素的运用。

第一,砌砖科学的形成(在于管理者而不是工人),包括每个人的每一个动作的严格的规范,以及所有工具和工作条件的完善和标准化。

第二,仔细挑选砌砖工,将其培训成头等工人,淘汰所有拒绝采用或不能采用新方法的人。

第三,通过管理者的不断帮助和关注,通过每天给每个工人发一大笔奖金(因为他们工作速度快,而且按规定做事），让头等工人了解砌砖科学。

第四，在工人和管理者之间，工作和责任是均分的。管理者几乎整天和工人在一起工作，为工人提供帮助和鼓励；而在过去，管理者总是站在一旁，几乎不会给工人提供帮助，将方法、工具、进度和密切协作等几乎全部责任都推给工人。

在这四个要素中，第一个（砌砖科学的形成）是最有趣和最引人注目的。然而，为了成功，其他三者也是必不可少的。

要记住，在这一切的背后，对这一切进行引导的，必须是一个乐观、坚定、勤奋的领导者，他既有耐心，也善于工作。

在大多数情况下（特别是当要做的工作性质复杂时），"科学的形成"是科学管理的四大要素中最重要的一个。然而，在有些情况下，"对工人的科学

第二章 科学管理的原理

选择"比其他任何事情都重要。

检查自行车的钢珠是一项非常简单又不寻常的工作,这也是一个非常典型的例子,能够印证上面的说法。几年前,兴起了一股自行车热,每年都有数百万由坚硬钢材制成的小钢珠被用在自行车轴承上。制造钢珠需要20多道操作,其中最重要的也许是钢珠的检验,也就是在抛光钢珠后,检查出所有有裂纹或者其他缺陷的钢珠,以保证所有装盒的钢珠都合格。

我的任务是,完成这个美国最大的自行车钢珠制造厂的组织建设工作。在实施组织重构之前,这家公司已经按照通常的白班制度运行了8到10年。所以,在这里检查钢珠的120多名年轻女工都是"老手",干起活来很熟练。

即使在最基本的工作中,也不可能迅速从个人每天独自工作的方式转化为科学的合作。然而，在大多数情况下，工作条件中存在着某些不完善之处，通过改善这些工作条件，可以立刻使所有有关方面受益。

在这个例子中，检验员（这些年轻女工）每天工作 10.5 个小时，星期六休半天假。

她们的工作过程是这样的：在左手背上放一排磨圆的小钢珠，让钢珠在两个紧挨的手指缝之间来回滚动，并在强光下仔细地检查，在右手拿着的磁铁的帮助下，把有缺陷的钢珠挑出来，扔进一个专门的盒子里。她们需要寻找出 4 种缺陷——有凹痕、硬度不够、有擦痕和裂纹。这些缺陷大部分都非常微小，没有经过专门训练的人是看不出来的。做这项工作需要集中注意力，因此，尽管她们的座位非常舒适，身体并不疲惫，但她们的神经相当紧张。

一项研究表明，因为工作时间太长，在年轻女

第二章 科学管理的原理

工们应该工作的 10.5 小时中，有很大一部分时间实际上是在无所事事中度过的。

看来，一个常识问题倒成了关键所在，那就是规划工作时间，让工人真正"工作时工作""玩耍时玩耍"，而不是将两者混在一起。

在对整个过程进行系统研究的桑福德·E. 汤普森 (Sanford E. Thompson) 先生到来之前，我们决定缩短工作时间。

于是，我们通知那位负责检验的老工长挨个找最优秀的、最有影响力的女工谈话，并告诉她们，每天用 10 个小时的时间干完 10.5 小时的工作任务。还要让她们知道，这样做是为了把一天的工作时间缩短到 10 个小时，不过还会按照每天 10.5 小时的工资支付给她们。

大约两个星期后，老工长报告，与她交谈过的所有女工都同意这种做法,她们可以在10个小时内完成现在需要10.5小时才能完成的工作。

我没有自作聪明地让这些年轻女工们对这个新提议进行投票,因为如果此时进行投票,女工们会一致认为每天工作10.5小时就很不错,她们不想要任何革新,这样她们就无法做出合理的选择。

这样就解决了工作时间问题。几个月后,我们不再考虑是否理智,而是强制性地逐渐将工作时间缩短到10小时、9.5小时、9小时和8.5小时(每天的工资保持不变),随着工作日时间的每一次缩短,女工所完成的任务不但没有减少,反而在增加。

这个部门从旧方法向科学方法的转变是在桑福德·E.汤普森先生的指导下进行的,并得到了总裁H. L.高特(H. L. Gautt)先生的支持。汤普森先生也许是美国在动作和时间研究方面最有经验的人。

第二章 科学管理的原理

我们大学的生理系会定期进行实验，以确定被测人员的"个人系数"。这个实验是这样的：突然把某个物体，例如字母 A 或 B，带到被测人员的视野范围内。被测人员一旦认出这个字母，就必须做一些指定的动作，例如按下一个特定的电源按钮。从字母出现到他按下按钮所需的时间，会被精密的科学仪器精确地记录下来。

实验结果表明，不同人的"个人系数"存在显著差异。有些人天生具有敏锐的感知能力，对刺激反应迅速，几乎即时将信息从眼睛传递到大脑，而大脑同样迅速地做出反应，将适当的信息传递到手。

这种类型的人的"个人系数"较低，而那些感知迟钝和行动迟缓的人，"个人系数"较高。

汤普森先生很快意识到，自行车钢珠检验员最重要的是"个人系数"要低，当然，耐力和勤奋等品质也是不可或缺的。

然而，为了女工的最终利益和公司的利益，有必要将所有高"个人系数"的女工辞退。不幸的是，这涉及许多最聪明、工作最努力、最值得信赖的年轻女工。仅仅因为她们感知能力低，对刺激的反应迟钝，她们就要被辞退。

在逐步挑选年轻女工的同时，公司也在进行其他变革。

应当防范的风险之一是，当根据所完成的工作量支付工资时，追求工作量可能会导致质量下降。因此，在以任何方式增加数量之前，都必须采取明确的步骤，确保质量不会下降。

对于这些特殊的年轻女工的工作来说，质量尤为关键，她们的职责就是把所有有缺陷的钢珠挑出来。

第二章 科学管理的原理

因此，第一步就是要保证，如果她们玩忽职守，能在第一时间被发现。这是通过重复检验的措施来实现的。工长从每四个最值得信赖的年轻女工中选出一个复核员，让她每天负责检验一大批钢珠，这些钢珠在前一天已经由一个普通的检验工检验过。工长会对要进行检验的钢珠编号进行修改，确保复核员不知道她们在检查谁的工作。除此之外，工长再从每四个复核员中抽出一个，让她检验钢珠，第二天再把这些钢珠交给首席复核员检验。工作特别准确且人品正直的复核员，就会被选为首席复核员。

为了检查复核员是否诚实，以及完成的工作是否精确，公司采取了一种有效的办法。每隔两三天，工长就会专门准备一大批钢珠，他会计算出这批钢珠中完好钢珠的确切数量，然后加上所记录的每一种缺陷钢珠的数量。无论是检验员还是复核员,都无法将这批特别准备的钢珠和正常生产的钢珠区分开。通过这种方式,公司将所有消极怠工或者给出错误报告的工人开除。

在用这种方法防止质量下降后,公司立即采取了有效的措施来增加产量。经过改进的工作方式,取代了原本马虎的工作方式。我们对工作的数量和质量做了准确的日常记录,以防止工长的任何个人偏见,并确保每个检验员的绝对公正。在相对较短的时间内,这个记录使工长激起了所有检验员的干劲,提高了那些生产数量大、质量好的检验员的工资,同时降低了工作马虎的检验员的工资,解雇了迟钝或粗心大意而又不知悔改的检验员。然后,我们仔细测算了每个年轻女工花费的时间,并使用秒表和记录表格进行了准确的时间研究,以确定每种

第二章 科学管理的原理

检验所需的时间,还为女工们提供了合适的工作条件,以便她们又好又快地完成工作。同时,避免给她们安排过重的任务,以防过度疲劳或筋疲力尽,造成危险。这项调查显示,这些年轻女工花了相当一部分时间在游手好闲和聊天上,只有一半的时间在工作,有时甚至什么也没做。

对年轻女工们的密切观察表明,即使劳动时间从 10.5 小时缩短到 8.5 小时,大约连续工作 1.5 小时后,她们还是会开始紧张。显然,她们需要休息。明智的做法是不要超负荷工作,所以每隔 1 小时 15 分钟,我们会给她们安排 10 分钟的休息时间。在这些休息时间(每天上午两次,下午两次)里,她们不得不停止工作,并被鼓励离开座位,通过四处走动和交谈等方式进行彻底休息。

毫无疑问,有些人会说这些年轻女工受到了残忍的对待。她们相隔很远，工作时不方便说话。然而，通过缩短她们的劳动时间，并提供据我们所知最有利的工作条件，能使她们真正稳定地工作，而不是装模作样。

只有在组织重构达到这一阶段，公司才能采取最后一步，以确保她们能够得到最想要的东西——高工资，以及管理者最想要的东西——最大的产出和最高质量的工作，这意味着实现了"较低的劳动力成本"。在这一阶段需要完成的工作便是挑选合适的年轻女工。一方面，采取措施，预防她们过度疲劳；另一方面，排除任何蔑视她们的想法，为她们创造最良好的工作条件。

最后一步就是每天给每个年轻女工一个经过仔细计算的任务，这是一个称职的工人一天可以完成的最大产量。每当她们完成这个任务，就给她们一大笔补贴和奖金。

在这种情况下,我们可以通过建立所谓的差额计件工资制来实现这一点。①在这一制度下,每个年轻女工的工资都按照其所完成的产量相应增加。工作质量好的女工,工资增加的幅度更大。

读者在后文将会看到,差别工资(复核员检验的批量构成差别工资的基数)使完成的工作量大幅度增加,同时质量显著提高。

我们发现,要想让她们最出色地完成任务,有必要每小时测量一次每个年轻女工的产出。对于落后的年轻女工,就要为她指派一名老师,帮她找出问题所在,鼓励和帮助她们迎头赶上。

每个对管理特别感兴趣的人,都应该意识到存

---

① 见我在美国机械工程师协会上宣读的题为《计件工资制》的论文,Vol. XVI, p.856。——原注

在于钢珠质量检验背后的一般原理。如果要有效地激励人们做最好的工作,就必须在工作完成后立即给予奖励。如果工人经过长达一周甚至一个月的努力工作,却只在最后给予他奖励,那么几乎没有人可以一直保持进步。

一般的工人必须能够衡量他已经完成了多少工作量,并清楚地看到如果他把工作做到最好,一天可以拿到多少报酬。只受过初级教育,检查自行车钢珠的这些年轻女工,应该得到适当的鼓励,比如领导的关怀,或者是实际的奖励,而且这些鼓励应该尽可能在每小时后给出。

股份制或分红制公司为了激励工人努力工作,会向员工出售股票,或者年底给员工分红,但是这样做效果并不明显,根本原因就是不能及时给予奖励。从容地干活,当天拿到奖励,相比坚持不懈地

第二章 科学管理的原理

努力工作，在6个月后和其他人分享一定的报酬，前者的激励效果更好。

分红制之所以起不到什么效果，第二个原因就是没有设计一个组织结构，来让每个人都能自由地实现其个人抱负。个人的抱负过去一直是，将来也仍然是比一般福利更强大的动力。在股份制下，少数被放错岗位、游手好闲却和其他人平等分享利润的懒散者，一定会将优秀的工人拉低到他们的水平。

在合伙制方案下，还有一个很难克服的困难，就是红利均等。虽然工人总是愿意分享利润，但他们既不能也不愿意承担亏损。除此之外，在许多情况下，让他们分享利润或承担亏损既不合理，也不公平，因为这些利润或亏损在很大程度上可能是由于完全超出他们的能力，或由于其不作为造成的。

现在，我们再回到这些年轻女工检验自行车钢珠的例子上。所有这些变革的最终结果是，35个年轻女工做了以前120个年轻女工所做的工作。而且，在较快的速度下，工作的准确度比以前慢速时高出三分之二。

年轻女工们得到的好处是：

第一，她们的平均工资比以前高出80%至100%。

第二，她们每天的劳动时间从10.5小时缩短到8.5小时，周六放半天假。她们每天有四次休整时间，这对一个健康女孩来说不会超负荷工作。

第三，每个年轻女工都觉得自己得到了管理者的特别关怀和照顾，如果她出了什么问题，总有一个帮手和老师可以依靠。

第四，每个年轻女工每个月应该有两整天的带薪休假，时间由她们自己选择。在我的印象中，这些年轻女工被赋予了这种特权，尽管我在这一点上并不十分确定。

这些变革给公司带来的好处是：

第一，产品质量大幅度提高。

第二，尽管要支付办事人员、老师、时间研究人员、复核人员等人的工资，而且要给工人支付更高的工资，但实际上，检验成本降低了。

第三，管理者和工人建立起了最友好的关系，避免了各种劳动纠纷或罢工。

这些成功是由良好的工作条件取代了恶劣的工作条件带来的。然而，应该意识到的是，有一个因素比其他因素起的作用更大，那就是精心挑选具有快速感知能力的年轻女工，辞退那些感知能力慢的年轻女工。用"个人系数"较低的年轻女工取代"个人系数"较高的年轻女工，就是对工人的科学选择。

到目前为止，所举的这些实例都是有意地局限于较为基本的工种上。所以，有些读者一定会产生非常强烈的疑问：对于更加聪明的技工，也就是说，对于更具有概括能力，更有可能根据自己的意愿选择更为科学和更好的方法的人来说，这种协作是否可行？下面举的这个实例是为了证明这样一个事实，即在更高级的工种中，要形成的科学规律是如此复杂，所以工资级别高的技工需要（比工资级别低的工人更甚）比他受教育程度更高的人的协助，来探索这些规律，然后选择、发展和培养自己按照这些规律工作的能力。这些实例十分清楚地说明了我们原先的设想：在几乎所有的工艺技术中，每个工人的行为所依据的科学是如此深奥，即使他胜任所从事的工作，但是由于缺乏教育或心智不足，也可能无法理解这门科学。

例如，大多数读者可能还会有一个疑问：在一

第二章 科学管理的原理

种情况下（如果一家企业年复一年地大量生产同样的机器，每个技工都重复同样的一系列操作），依靠每个工人的聪明才智和他不时从班组长那里得到的帮助，就无法发展一种先进的方法和个人技能（虽然还无法对此进行科学研究），从而让工作效率产生实质性的提高吗？

几年前，有一家雇用了大约300人，已经连续10—15年生产同一种机器的公司找我去做报告，想看看是否可以通过引进科学管理而让公司获得一些收益。他们的工厂多年来一直由一位优秀的厂长经营，下属的班组长和工人也很优秀，并一直实行计件工资制。毫无疑问，整个机械厂的条件要超过全国的平均水平。当厂长听说，通过使用一种新的作业管理方式，同样数量的工人和机器的产出可以增加1倍以上时，显得有些难以置信。他说，他认为任何这样的说法都只不过是吹牛，是不可能实现的，这不但不能增强他的信心，反而会让他对这种轻率的言辞感到厌恶。不过，他还是欣然同意了这一建议。他选择了一台他认为可以代表车间平均产量的机器，让我们用这台机器证明，通过科学方法，它的产量可以增加1倍以上。

他挑选的机器很好地代表了这家工厂的水平。在过去的10—12年里，这台机器一直由一个头等技工操作，他的技能超过了这家工厂的其他工人。在这样的工厂里，同样的机器被源源不断地制造出来，工种必须加以细分，所以每个工人每年的工作都局限在少数几种零部件上。所以，我当着双方的面，仔细记录了这个技工完成每个部件实际花费的时间，也就是说，详细记录了包括完成每个零部件、送料、调整和拆卸机器等在内的所有作业时间。在以这种

第二章 科学管理的原理

方式获得了各项数据之后,我们写了一份有关这个工厂完成工作的真实水平的报告,将科学管理原理运用到了这台机器上。

我们使用了四把精心制作的计算尺,对金属切割机的工作量进行测算。具体方法是,对这台机器的每个单元和正在进行的工作之间的关系进行仔细分析;利用计算尺确定它在不同速度下的牵引力、吃刀量,不定时调整中间轴和推动滑轮,使其以适当的速度运行;对用高速钢做成的各种不同形状的工具进行适当的修饰、处理和打磨(应该注意的是,我们在研究时,也使用了这家工厂以前普遍使用的高速钢);然后我们制作了一把很大的特殊计算尺,用于测算精确的速度和吃刀量,尽可能在最短的时间内完成在这部特殊的机床上要加工的任务。经过这样的准备之后,我们让工人按照新的方法工作,用一件件原料在这部车床上完成一件件产品。对比我们早期进行的实验中的工作量和按照科学原理操作机器的工作量，最慢的也比原来快2.5倍，最快的甚至高达9倍。

从单凭经验的管理方法到科学原理的转变，不仅涉及研究工作的合理速度和改造工厂的工具和设备，还涉及工厂的全体工人对工作和雇主的态度转变。为确保获得巨大收益而对机器进行实质性改进，以及用秒表测算每个工人工作所需要的时间，这些都可以轻松完成。但是，这300多个工人的心态和习惯的改变却只能通过一系列的直观教学，慢慢地实现。这些直观教学能够告诉每个人，他在日常工作中与管理者真诚合作所能获得的巨大好处。不到3年，这家工厂的人均产量和机器产量都增加了1倍多。这些工人是经过精心挑选的，都能从较低的级别晋升到较高的级别。他们的老师（领班）告诉他们，他们能够获得比以往高的工资，每个人的日收入平均增加约35%。同时，对于公司来说，为同样工作量所支付的工资总额低于以前。当然，这种提高工作速度的方法，包括用最快的手工作业方法代替传统的单凭经验行事的方法，以及对每个工人的手工作业进行详细的分析。（所谓手工作业，是指依靠工人手工的灵活性和速度，与机器所做的工作无关的劳动。）在许多情况下，科学的手工作业所节省的时间甚至比机器作业所节省的时间还要多。

似乎有必要充分解释，为什么在计算尺的帮助下，在学习了切割金属的工艺之后，一个经过科学培训，从来没有见过这些工作，也从来没有在这台机器上工作过的人，其工作速度比一个已经在这台机器上工作了10到12年时间的技工快2.5倍到9倍。

总而言之，操作速度之所以能够增长这么快，是因为金属切割工艺涉及一门重大的、真正的科学。事实上，这门科学错综复杂，任何一个年复一年地操作这台机床的技工，如果得不到专业人士的协助，都无法理解它的含义，或者按照它的规律办事。不熟悉机械加工的人往往把每一件工件的制造看作是一个特殊的问题，与其他机械加工无关。例如，他们倾向于认为，要研究与制作一个引擎部件有关的问题，需要对整套制作引擎的技巧进行专门的研究，可以说是毕生的研究，而这些问题和在制作机床与刨床部件时所遇到的问题完全不同。而事实上，与对金属切割艺术或科学的伟大研究相比，对引擎零件或车床零件的研究是微不足道的。

真正的问题是如何快速从铸件或锻件上清除切屑，以及如何在最短的时间内使铸件或锻件平滑、

第二章 科学管理的原理

准确地被生产出来，而与被加工的零件到底是一台船用发动机、印刷机还是汽车的零件无关。由于这个原因，对于既会使用计算尺又懂得金属切割科学的工人来说，就算他以前从来没有见过这种特殊的工作，也完全能够把多年来一直使用这台机器的熟练技工甩在身后。

诚然，每当聪明且受过教育的工人发现对机械工艺进行改进的责任在于他们，而不在于实际从事这一行业的工人时，总会开始走上发展一门科学的道路，而在过去，这种事仅仅存在于传统知识或单纯的经验上。当受过教育的人们有了概括事物的能力，在探索各种规律时就会发现，每个行业都存在着许多问题，而且这些问题彼此之间有着普遍的相似性。于是，他们就不可避免地试图将这些问题按照逻辑归结成若干类别，然后试图寻找一些一般的规律或原则来指导他们解决这些问题。然而，正如已经指出的那样，"积极性加激励"的管理方法的基本原则，即这种管理的基本哲学，必然是把所有这些问题留给每个工人，而科学管理的原则则是把它们留给管理者。工人每天的全部时间都花在实际用双手做工作上，因此，即使他受过必要的教育，养成了归纳问题的习惯，他也缺乏时间和机会来发展一门科学。因为即使是一个简单的工时研究，也需要两个人合作：一个人操作，另一个人用秒表计时。而且，就算这个工人发现了什么规律（以前单凭经验获得的知识），他为了自己的利益，也会保密，这是不可避免的。这样他就可以通过这种特殊的知识，比其他人做更多的工作，从而获得更高的工资。

另外，在科学管理下，不仅要发现规律来代替过时的经验，而且要公正无私地教导所有在其手下工作的工人最快的工作方法，这已成为管理者的责任和乐趣。从这些规律中取得的成果非常可观，任何公司都有能力负担发现这些规律所需的时间和实验费用。因此，在科学管理下，精确的科学知识和方法无处不在，迟早会取代过时的经验；而在旧的管理方式下，按照科学规律进行工作是不可能的。

金属切割的工艺或科学的形成，就是说明这一事实的一个非常恰当的例子。在1880年秋天，也就是我开始进行上述实验的时候，为了确定一个工人一天的适当工作量，我还征得了米德维尔钢铁公司总裁威廉·塞勒先生的许可，进行了一系列实验，以确定哪些角度和形状的工具最适合切割钢材，并试图确定适当的切割速度。在这些实验开始的时候，我认为时间不会超过6个月。事实上，如果我事先知道这个实验需要更长的时间，也许可能无法获得这样一大笔投资。

第一台用来进行这些实验的机器是一台直径66英寸①的立式镗床,用相同质量的硬钢制作大件机车的轮箍,日复一日地进行切割。我从中逐步研究怎么制造、调整和使用切割工具,以便加快工作速度。在6个月结束时,我获得了足够的实际信息,收益远远超过了在实验中花费的材料和工资的费用。我们进行的少量的实验表明,我们所获得的实际知识只是有待发展的知识的一小部分,而这些知识是我们日常指导和帮助技师完成任务所迫切需要的。

这方面的实验一直持续了大约26年,偶尔也有中断。在此期间,我们专门配备了10台不同的实验机器,详细记录了3万到5万个实验,并且进行了许多其他的实验,不过没有记录。在研究这些规律的

---

① 1英寸等于2.54厘米。——译者注

过程中,我们用这些实验机器把超过80万磅的钢铁切割成了碎片。据估计,这个实验的花费在15万到20万美元之间。

对于任何一个热爱科学研究的人来说,这类工作都是非常有趣的。然而,就本书的目的而言,我们应该充分认识到,使这些实验持续多年,并提供资金和机会的动力,不是对科学知识的抽象探索,而是一个非常实际的事实,即我们缺乏每天工作都需要的准确信息,这些信息能帮助我们的技工以最佳的方法和最快的时间完成他们的工作。

所有这些实验的目的都是为了使我们能够正确地回答每个技工每次在金属切割机,如车床、刨床、钻床或铣床上操作时所面临的两个问题。这两个问题是:为了在最短的时间内完成工作,我的机器应该以多快的切削速度运行?吃刀量多大?

这两个问题听起来非常简单，似乎任何一个受过培训的优秀技工都可以回答。但事实上，我在工作了26年之后，发现每一个问题的答案都涉及一个复杂的数学问题，其中必须确定12个独立变量的影响。

以下12个变量中的每一个都对问题的答案有重要的影响。每个标注的变量，都代表着某个因素对切割速度的影响。例如，我们引用的第一个变量（A）："半硬钢或冷铸钢与一种很软的低碳钢的比例是100:1。"这个关系的意思是，切削软钢的速度比切削硬钢快100倍。我们给出了所有因素的相应比例，说明了分析问题的全面性。在过去，几乎每个技工都是在开始工作之后，才对开动机器的最佳速度和最佳吃刀量进行确定的。

（A）要切割的金属的质量，即其硬度或其他影响切削速度的特性。半硬钢或冷铸钢与一种很软的低碳钢的比例是100∶1。

（B）制造工具所用钢材的化学构成和工具的热处理。其比例为：用中碳钢制作的工具为1，用最高速钢制作的工具为7。

（C）刨削的厚度或工具切削金属时所产生刨花条/板的厚度。以1英寸的金属刨制工具，其比例为：刨起厚度为3/16英寸时为1，刨起厚度为1/64英寸时为3.5。

（D）切削好的工具边沿的外形或轮廓。其比例为：线型工具为1，阔嘴切割工具为6。

（E）在使用工具时是否完全浸用水流或其他冷却介质。其比例为：完全不使用为1，充分使用为1.14。

（F）切割深度。其比例为：切割深度为1/2英寸时为1，切割深度为1/8英寸时为1.36。

（G）切割持续时间，也就是在重新研磨前，某种工具处于刨切压力下的持续时间。其比例为：当工具每隔半小时研磨一次时为1，每隔20分钟研磨一次时为1.20。

（H）工具唇缘之间的角度。其比例为：唇缘张角68°时为1，唇缘张角61°时为1.023。

（I）由于发生震颤而造成工件和工具的伸缩。其比例为：震颤的工具为1，运行平稳的工具为1.15。

（J）被切割的铸件或锻件的直径。

（K）切削或刨削时在刀具切削表面上的压力。

（L）机器的牵引力、速度和吃刀量的变化。

对于许多人来说，花费26年的时间来研究这12个变量对金属切削速度的影响，似乎十分荒谬。然而，对于那些有过实践经验的人来说，问题的主要困难在于它包含了如此多的可变因素。事实上，每个实验耗费的时间之长，是由于在整个实验过程中，在研究第 12 个变量时，很难保持其他 11 个变量的恒定和一致。要知道，保持这 11 个变量不变，比研究第 12 个变量要困难得多。

为了使这些知识得到实际应用，就有必要找到一个数学公式，用简明的形式表达所得到的定律。以下是构建出的 12 个公式中的 3 个：

$$P = 45000 D^{\frac{14}{15}} F^{\frac{3}{4}}$$

$$V = \frac{90}{T^{\frac{1}{80}}}$$

$$V = \frac{11.9}{F^{0.665(\frac{48}{3}D)} 0.2373 + \frac{2.4}{18+24D}}$$

在对这些定律进行了研究，并确定了各种数学表达式之后，仍然存在着一个困难重重的任务，即如何快速地解决这些复杂的数学问题，使这些知识可供日常使用。如果一个优秀的数学家面对这些公式，试图得到正确的答案（例如，找到正常工作情况下正确的切割速度和吃刀量），那么他解决一个单独的问题需要2到6个小时。大多数情况下，解决数学问题的时间比工人在他的机器上完成整个工作流程所需要的时间要长得多。因此，我们面临的一项相当重大的任务，就是找到迅速解决这个问题的方法。我会不时地把涉及全部因素的数学问题呈给国内著名的数学家，谁能够找到快速、实用的解决方案，就会得到一笔合理的费用。面对这些数学问题，有些人只是瞥了一眼，有些人则出于礼貌，在手头上保留了两三个星期。最后，他们给出几乎相同的答案：在许多情况下，可以解决包含4个变量的数学问题，在某些情况下，也可以解决包含5个或6个变量的问题，但显然不可能以任何其他方式解决包含12个变量的问题，除非通过耗时的"反复实验"方法。

第二章 科学管理的原理

尽管从数学家那里得到的打击多于鼓励,不过,由于我们经营的机械厂的迫切需要,在15年的时间里,我们花费了大量精力,不定期地尝试,寻找这个问题的简单解决办法。最后,我们在伯利恒钢铁公司工作的时候,终于设计出来了计算尺。对此,我们在题为《金属切割工艺》的论文的第11节中进行了阐述,在卡尔·G.巴斯先生提交给美国机械工程师协会的题为《作为泰勒管理体系一部分的为机械厂设计的计算尺》中有详细的描述(见《美国机械工程师学报》,第25卷)。通过这个计算尺,任何一个好的技工,不管他懂不懂数学,都能在不到半分钟的时间内解决这些复杂问题中的一个,从而使多年来在金属切割工艺上进行实验得到的结果应用到实际工作中。

这很好地说明了这样一个事实,即人们总能找到某种方法，将复杂的科学数据用于实际的日常用途，尽管这些数据看起来似乎超出了普通操作工人技术培训的经验和范围。这些计算尺多年来一直被没有数学知识的技工们用于日常工作。

看一下代表金属切割规律的复杂的数学公式，就可以明白为什么没有这些规律的帮助，一个技工就算反复重复同样的动作，也无法凭借自己的经验回答这两个问题：我的机器应该以多快的切削速度运行？吃刀量多大？

再回到上述技工的例子。他已经工作了10—12年，在此期间，他一遍又一遍地加工同一种部件。在他加工每一个部件时，就他了解的上百种可供使用的方法中，有那么一个微小的机会，他碰巧找到了一种最好的方法。在考虑这一典型案例时，还必须记住，整个机械厂的金属切割机器的速度实际上

第二章 科学管理的原理

都是由操作者凭推测确定的,而不是靠研究金属切割工艺获得的知识。正因为如此,在系统化的机械厂里,我们发现在上百台机器中,没有一台机器的操作者以接近合理的切割速度进行操作。因此,技工在找到合理的速度之前,必须首先在他的机器的中间轴上安装新的滑轮,并且在大多数情况下,还得改变他的工具的形状和制作方法,等等。不过,许多这类变化是完全超出他能力范围的,即使他知道应该做什么。

如果读者能够理解为什么从事重复工作的技工无法单凭经验与金属切割的真正科学相匹敌,就会更加明白为什么被要求日复一日地从事各种各样工作的高级技工更不能与这门科学竞争。每天做不同种类工作的高级技工,为了在最短的时间内完成每一项工作,除了需要精通金属切割工艺之外,还需要具备以最快的速度完成每一种手工的广博知识和经验。而读者如果还记得吉尔布雷斯先生通过对砌砖的动作和工时的研究所取得的成果，就会认识到在每个手工作业工人面前都存在一种巨大的可能性，也就是在科学（来自动作和时间研究）的帮助下，他能以更快的速度完成一项手工作业。

近30年来，与机械厂的管理者有关的从事时间研究的人员一直致力于研究科学的动作，用秒表精确地记录所有和机械加工有关的因素，并对之进行研究。作为管理者的一部分并与工人协作的老师们，不但掌握了切割金属的科学，也掌握了与这项工作相关的同样精细的动作和时间研究的科学。由此就不难理解，为什么即使是最高级的技工，没有老师的日常协助，也无法最好地完成工作。如果读者能够了解这一事实，那么写作这本书的一个重要目的就实现了。

第二章 科学管理的原理

我们希望所提供的例证能够清楚地说明，为什么在所有情况下，科学管理都不可避免地为公司及其雇员带来比采用"积极性加激励"管理更大的成果。还应当清楚的是，取得这些成果并不是由于一种管理机制明显优于另一种管理机制，而是用一套基本原则代替一套完全不同的原则，用一种思想代替工业管理中的另一种思想。

在所有这些例证中，可以看出，成果主要取决于：（1）用科学方法代替工人的个人判断；（2）对每个工人进行研究、教育和培训，经过实验后科学地选择并培养他们，而不是让工人自己选择操作方法，随意发展；（3）管理者与工人密切合作，以便他们都按照已经形成的科学规律一起工作，而不是把每个问题都留给工人去解决。在应用这些新原则时，不再像过去那样依靠每个工人的个人努力，而是双方几乎平等地分担每天要完成的任务。管理者做最适合他们做的那部分工作,其他的由工人们完成。

本文是为了说明这一基本原理而写的,但其一般原则所涉及的一些要素还需要进一步讨论。

一门科学的发展听起来是一项艰巨的任务,事实上,任何类似于金属切割这样的科学的彻底研究都需要多年的努力。然而,从金属切割的科学的复杂性和发展这门科学所需的时间来看,机械工艺确实是一个非常有典型意义的例子。然而,即使是在这门非常复杂的科学中,在实验开始后的几个月内,我们获得的知识也远远超过了为实验工作所付出的代价。其实,在机械工艺领域,几乎所有的科学发展都是如此。为金属切割而形成的第一批规律也许十分笼统,只包含了整个科学的一部分知识,然而就算是这种不完善的知识,也远远好于原来缺乏确

第二章　科学管理的原理

切情报或单凭经验的不完善的做法，它使工人在管理者的帮助下，能够把工作做得更快更好。

例如，在短时间内就能找到一两种工具，尽管它们与后来形成的形状相比并不完美，但优于常用的所有其他类型的工具。这些工具被作为标准工具使用，使得每个使用它们的技工的速度都能够立即提高。在相对较短的时间内，这些工具可能会被后来的工具取代。就这样，以前的工具依次被更先进的工具所取代。①

---

① 参加机械工艺的实验者发现，经常会出现这样的问题：是立刻将所获得的知识付诸实践，还是等到结论明确之后再说？其实他们很清楚，他们已经取得了一些确实的进展，不过这些进展可能（甚至是一定）还会有所改进。当然，我们必须对每一种特殊的情况进行独立思考。但是已知的一般结论告诉我们，在大部分情况下，将一个人的结论尽快付诸实践，进行严格的实验，是比较明智的做法。当然，必不可缺的条件是，实验者要有充分的时间和足够的职权，才能进行完整又客观的实验。但是由于普遍存在的钟情过去的偏见，以及对新事物抱有的怀疑态度，上述条件的实现困难重重。——原注

然而，存在于大多数机械工艺中的科学远比金属切割的科学简单。事实上，几乎在所有情况下，已经形成的规律都是如此简单，一般人几乎不会称之为一门科学。在大多数行业中，科学是通过对工人完成某些小部分工作所需的动作进行相对简单的分析和时间研究而发展起来的。现在，数以百计的"时间研究"人员正致力于发展这门科学的基础知识的工作，而以前只靠经验行事。吉尔布雷斯先生在砌砖动作方面的研究，其调查比大多数进行工时研究的人做的调查更详细。发展这一简单科学的一般步骤如下：

第一，找 10—15 个不同的人（最好是来自国内不同的部门和不同的企业），他们要特别擅长做待分析的特定工作。

第二，研究这些人在调查工作时的一系列基本操作或确切的动作顺序，以及每个人使用的工具。

第三，用秒表测算工人完成每一个基本动作所需的时间，然后确定用最快速度完成这项工作时，采用哪些动作。

第四，消除所有虚假的、缓慢的和无用的动作。

第五，去除所有不必要的动作后，把最快最好的动作和最好的工具汇集成一个序列。

然后，用这种包括一系列最快、最好动作的新方法，取代以前使用了10—15年的较为落后的方法。这种最好的方法会成为标准，并在一段时间内不变。首先要让老师（或者职能领班）掌握它，然后由他们教给企业中的每一个工人，直到它被一系列更快更好的动作所取代。通过这种简单的方式，一个又一个的科学管理原则就能建立起来。

可以以同样的方式对一个行业所使用的每种工

具进行研究。在"积极性加激励"的管理理念下，管理者要求每个工人运用自己的最佳判断力，以便在最短的时间内完成工作。这样，管理者和工人为了达到各自的目的，选出形式和种类繁多的工具。首先，管理者采取凭经验办事的方法，对同一工具进行多次修改，仔细研究分析；然后，在对每种工具可达到的速度进行研究之后，把几种工具的优点集中到一件工具上，这将使工人能够比以前更快、更轻松地工作。这种工具会作为新的标准，取代之前使用的不同种类的工具，由工人一直使用。直到通过运动和时间的研究表明，有一种工具比它更先进，它就会被新的工具所取代。

从上述说明不难看出，发展一门科学来取代单凭经验的做法，在大多数情况下都不是一项艰巨的任务，它可以由没有经过任何系统科学训练的普通人来完成；但是，另一方面，要想取得最简单的成功，也需要建立记录、制度和合作。

本书多次提到的另一种科学研究也应该得到特别关注，即对影响人动机的因素的详细研究。乍看起来，这似乎是一个个人观察和判断的问题，而不是一个需要精确的科学实验的主题。的确，由于人是非常复杂的有机体，所以，从这一类实验中所得到的规律，比从物理实验中得到的规律有更多的例外情况。然而，这类适用于大多数人的规律，毫无疑问是存在的，而且在明确界定之后，对于处理人的问题具有很大的指导价值。在发展这一规律时，这些经过仔细计划和执行的精确实验已经持续了数年，与本文中提到的其他方面的实验在方法上大体相似。

就其和科学管理的关系而言，这些规律最重要之处，或许就是任务观念对工人效率的影响。这实际上已经成为科学管理机制的一个重要组成部分，被人们称为"任务管理"。

任务观念并非新鲜事物。我们每个人都记得，就自己的情况而言，这个观念在学生时代就得到了很好的应用。任何一个讲究效率的老师，都不会给班上的学生讲一堂没完没了的课。对每个学生，老师每天都会布置一个明确而清晰的任务，并告诉学生，他们在课堂上只能学这么多，只有这样，学生们才能取得适当而系统的进步。如果不给学生布置作业，只让他们在课堂上尽可能地掌握知识，那么一般学生的进步都会十分缓慢。我们每个人都是从孩子成长起来的，自然会承认这样的事实：每天都要给普通工人安排一项具体的工作任务，让他在给定的时间内完成。这就是一个好工人一天的工作任务。这可以给工人提供一个明确的标准,他可以一整天都用这个标准来衡量自己的工作进度,而且这个进度的完成会给他带来最大的满足。

在其他文章中,我曾经谈到对工人进行的一系列实验。这些实验证明,不可通过无限制地延长劳动时间的方法来让工人更快地工作,除非他们确信自己的工资会得到大幅度和持久的增长。然而,这一系列的实验也证明,只要工资能够大幅增加,就可以找到许多愿意以最快速度工作的工人。当然,必须向工人保证,工资的这种超过平均水平的增长是持久性的。我们的实验表明,要使工人以最快速度工作,工资增长的百分比应取决于工人从事的工作种类。

因此,如果每天给工人布置一项任务,要求他们提高工作速度,就绝对有必要确保他们每次出色地完成任务时，都能获得合理的高工资。这不仅包括为每个工人安排工作定额，还包括每次在给定的时间内成功完成任务时，支付给他一大笔奖金。如果不在一个工人身上先试试老办法，再试试新办法，就很难充分认识到这两个因素的合理效用，在让工人把工作效率提到最高标准的过程中（并将效率保持在最高标准上）会有什么帮助。事实上，只有在看到许多不同工种中不同等级工人实行的类似的精确实验之后，才能认识到正确应用任务和奖金这两个因素所取得的显著的良好效果。

任务和奖金（在前文中已经指出，能够以不同方式来使用）是科学管理机制的两个最重要的组成部分。它们之所以特别重要，是因为它们的核心地位，在整个科学管理机制上要先于其他因素得到应用。关于其他因素，例如规划部门、精确的时间研

第二章 科学管理的原理

究、方法和工具的标准化、一套日常工作制度、培训职能领班或老师，在许多情况下还有指示卡、计算尺等，稍后有更详细的介绍。

本书已经多次提到，有必要系统地培训工人，使其按照最高速度工作。现在看来，似乎有必要更详细地解释这种培训的方法。在一个现代体制管理下的机械厂，规划部门的工作人员会事先完成详细的书面指示，说明如何以最好的方法完成每一项工作。这些只是代表了计划书里几个人的协同工作，每个人都有自己的专长或职能。例如，其中的一个人专门研究工作速度和切割工具使用，他可以借助上面提到的计算尺来确定合理的工作速度；第二个人擅长分析工人在操作机器或调整加工部件时如何又好又快地完成动作；第三个人则通过积累的工时分析记录，制定一份作业时间表，列出完成每项工作的正确速度。然后，所有人的指示都写在同一张卡片上。

这些计划人员需要将大部分时间花费在计划室内，因为他们必须接触在工作中不断使用的记录和数据，而且为了免受干扰，他们需要一张办公桌。然而，人类的本性是这样的：如果让许多工人自己做主，他们就不会去关心那些书面知识。因此，就有必要配备一些老师（或称职能领班）去监督工人，以确保工人理解并执行这些书面指示。

在这种职能管理制度下，单个领班被8个不同职能的负责人所代替，这8个人每个都有自己的特殊职责，他们作为计划部门（见《工厂管理》一文第234至245段）的代表，是专业老师，随时在车间里帮助和指导工人。由于每个人都具备一定的专业知识和个人技能，所以他们不但能够告诉工人应该怎么做,而且在必要的情况下,他们还可以在工人面前动手操作,向工人示范如何更好更快地完成工作。

这些老师中的第一位(称为质量检验员)负责制定图纸和工作指令。他教导工人如何生产出合乎质量要求的产品;如何在该精细的时候精细,不必精细的就粗放一些、快一些。他跟其他人一样,在成功完成任务的过程中起着重要作用。第二位老师(工段长)教工人如何把加工任务安排到机器上,并教他以最快最好的方式完成动作。第三位老师(技术员)负责保证机器以最佳速度运行,将合适的工具用在特定的用途上,这样可以使机器能够在尽可能短的时间内完成加工任务。除了这些老师提供的帮助外,工人还能从其他四种人员那里得到指令和帮助:"维修工长"负责机器及皮带的调整、清洁和一般保养;"核算员"负责有关工资的事宜,并出具书面报告和报表;"工艺员"负责向工人发布工作指令,并安排工人从一项工作转移到另一项工作;如果工人和任何上级出现纠纷,都会由"纪律检查员"对事件进行调查。

当然,并不是所有从事同类工作的工人都需要专业管理员同样的个别教育和关注,和长期从事同一工种的人相比,新手需要的指导和照顾更多。

现在,通过所有这些指导和细致的培训,工人的工作变得如此顺利和容易。但同时给人一个错觉,这一切都倾向于将工人变成一个个像机器一样工作的人,一个木头人。正如工人们第一次在这种制度下工作时经常说的那样:"怎么?如果没有别人的指示或者安排,我连想一下或动一下都不行?!"同样的批评和反对,也会出现在所有其他现代化的专业分工上。例如,和本国早期的移民相比,外科医生并不一定更呆板,也不一定生活圈子更小。边远的居民不仅能成为一名外科医生,还能成为一名建筑师、房屋建造者、伐木工人、农民、士兵,他不得不用枪来解决法律案件。这样,你就不会说现在外科医生的生活圈子更小,说他比边远的居民更呆板。外科医生要面对和解决的许多问题,同边远的居民面临的问题一样复杂和困难。

应该记住,在形式上,对外科医生的培训与科学管理和对工人的教育和培训几乎是一致的。在外科医生开始工作时,一直受到更有经验的人的密切监督,这些人教会他如何在工作中的每一个细节做得最好。他们为他提供最好的工具,每一件都是经过特殊研究制成的,然后要求他坚持以最好的方法使用。然而,所有这些教导都不会让他的眼界变得狭窄。相反，他很快就掌握了他的前辈们拥有的先进知识；而且，如果他有了代表当今世界上最先进知识标准的工具和方法，他就能够利用自己的独创性和聪明才智对世界知识宝库作出补充，而不是重新制造那些旧的东西。同样，在现代科学管理制度下，与许多老师合作的工人也有机会发展。和让工人自己解决所有问题，不给他们提供任何帮助的工作方式相比，这种方式至少能够取得同样的效果，而且通常效果会更好。

如果没有接受这种教育，没有为他的工作而制定的规律的帮助，工人也能发展成最优秀的工人，那么现在在大学里，数学、物理、化学、拉丁语、希腊语等方面需要老师帮助的年轻人，就可以不求助老师，通过自学就能把这些东西学得更好。这两种情况的唯一区别是，学生要去找他们的老师，而

第二章 科学管理的原理

由于技工在科学管理下所做工作的性质,老师必须去找他。在科学的帮助下,通过老师的指导,每个具有一定智力的工人会把工作干得更好,对工作更有兴趣,最后的发展前途也更好,收益也更大。在很多情况下,那些以前除了铲运垃圾或者在工厂搬运物料之外什么也做不了的人,在经过教导之后,可以去做一些初级的机械加工作业。之后,他们的劳动环境会更舒适,工作会更有趣,拿到的工资也更高。低级别技工和助手以前可能只会操作一台钻床,经过教导之后,就可以从事更加复杂、技术含量更高的车工和刨工作业,而非常熟练和更加聪明的技工就能成为职能领班和老师。于是,工人就得到了一步步的发展和提升。

看起来,在科学管理制度下,工人没有旧的管理方式下那样的积极性,去发挥他们的聪明才智,去设计新的、更好的工作方法，去改进他们的工具。的确，在科学管理下，工人在日常操作时，不能随意使用他认为合适的工具和方法。但是，每当工人提出改进建议，不管是方法还是工具，都要对他进行鼓励。在工人提出改进建议时，管理者要认真分析，必要时还要进行一系列实验，以准确判断新建议和旧方法的相对优劣。一旦发现新方法明显优于旧方法时，就要将其作为全行业的标准，要对工人的建议给予充分肯定，并给予足够的现金奖励，因为他发挥了聪明才智。这样，在科学管理制度下，工人的积极性会比在旧的个别管理方式下得到更好的发挥。

科学管理沿革至今，已经向我们发出警告：不要误解这一机制的实质和基本原理。同样的机制在一种情况下会产生灾难性的后果，而在另一种情况下却会产生最有益的后果。同样的管理机制，如果用来为科学管理的基本原理服务，就会产生最好的结果，但如果掺入人的错误思想，就会导致失败和灾难。成百上千的人误解了这一管理制度的本质。甘特、巴斯先生和我都向美国机械工程师协会提交了关于科学管理的论文。在这些论文中，已经对所使用的机制做了相当篇幅的描述。这一机制的要素可以列举如下：

时间分析，以及正确完成分析所用的工具和方法。

职能或专业领班制，它比原来的单个领班更为优越。

各行业中使用的所有工具，以及各类工作中工人的行为或动作的标准化。

合乎需要的计划室或部门。

管理者的"例外原则"。

应用计算尺和类似的节省时间的工具。

为工人制作的指示卡。

管理者的任务观念,如工人出色地完成任务,就发给他巨额奖金。

"差别工资制"。

为工业产品的分类和制造过程中使用的工具建立档案。

日常工作制度。

现代成本管理制度,等等。

然而,这些仅仅是管理机制的要素或具体要求。科学管理的本质包含一定的管理思想,如前所述,

即管理的四大基本原理:①

第一，砌砖科学的形成（由管理者而不是工人承担），包括每个人的每一个动作的严格规则，以及所有工具和工作条件的完善和标准化。

第二，仔细挑选砌砖工，将其培训成头等工人，淘汰所有拒绝采用或不能采用新方法的人。

第三，通过管理者的不断帮助和关注，通过给每个工人发一大笔奖金（因为他们工作速度快，而且按规定做事），把头等砌砖工和砌砖科学结合在一起。

第四，在工人和管理者之间，工作和责任基本是均分的。管理者整天和工人在一起工作，为工人

---

① 第一，形成一门真正的科学。
第二，对工人的科学选择。
第三，教育和培养工人。
第四，管理者和工人之间亲密友好的合作。——原注

提供帮助和鼓励,给他们提供方便;而在过去,管理者总是站在一旁,很少给工人提供帮助,将方法、工具、进度和密切协作等几乎全部责任都推给工人。

然而,当这种机制的要素,如时间研究、职能领班等,在没有伴随真正的管理思想的情况下被使用时,其结果往往会是灾难性的。而且,不幸的是,即使那些完全赞同科学管理原理的人,如果不听从那些对改革有多年经验的人的劝告,就匆忙地将旧的管理方法改为新的管理方法,就会遇到一些麻烦,有时候甚至会发生罢工,最后宣告失败。

在《工厂管理》一文中,我曾经特别提醒人们注意,在从旧的管理制度向新的管理制度迅速变革的过程中,管理者要面临一定的风险。然而,在许多情况下,这一警告并未得到重视。需要进行的实际变革包括:实行工时研究,与工作有关的所有工具的标准化,对每台机器进行单独研究,并使之达到完好状态,等等。越早对工作中的这些因素进行改进,越能取得好的效果。另外,从"积极性加激励"的管理向科学管理转变涉及的一个真正问题,是所有管理者及工人的心态和习惯的彻底变革。这种变化只能通过对工人进行直观教学来逐步实现,这些直观教学加上他所接受的教育,才能让工人完全相信新的工作方式比旧的工作方式更优越。工人心态的这种变化需要一定的时间,不能一味求快。我一再警告那些考虑开展这些变革的人,即使是在一个工种简单的企业中,这种变革也需要持续2到3年,在某些情况下甚至需要4到5年的时间。

最初影响到工人的少数变革应该极其缓慢地进行,而且一次只能和一个工人打交道。除非这个工人已经完全被说服,并且这个新方法有了巨大的收获，否则就不应该进行进一步的变革。就这样，一个一个巧妙地轮换工人。当企业有四分之一到三分之一的雇员从旧方法转变为新方法之后，这种变革就可以取得非常迅速的进展。因为大约在这个时候，整个企业的认识会出现彻底的改变，而那些依然在旧制度下工作的工人会渴望分享他们看到的在新制度下工作的工人所取得的成果。

鉴于我本人已经从推进这一管理制度的工作（指一切有报酬的工作）中引退了，所以我会毫不犹豫地再次强调这样一个事实：那些能够有专家服务的公司，确实是很幸运的。这些专家不但在推进科学管理方面具有必需的实际经验，并对其原则进行了专门研究。相反，一般人，就算他是一个企业经理，也无法承担这项变革任务。这样的改革，需要由指导过如何从旧的管理方式一步步地变革到新的管理方式的人来实施（特别是在工种复杂的企业里），他必须具有克服这一过渡时期特有的困难的个人经验。正是由于这个原因，我希望把我的余生用来帮助那些希望从事这项工作的人，并给那些希望进行这种变革的公司经理和老板一些建议，指导他们应该采取什么样的步骤。

为了警告那些打算实行科学管理的人，我给出了以下实例。有几个人并没有实施改革的同时不招致罢工、影响经营的经验，就试图在一家工种颇为复杂、有三四千名雇员的企业里搞变革，仓促地尝试把"积极性加激励"的管理变革为科学管理，试图迅速增加产量。在这样的企业里，要推行这种变革，必须有能力非凡而且热心肠的人，这些人还必须真正把工人的利益放在心上。在开始改革之前，我就警告过他们，这种改革要缓慢推进，像这样的企业，至少需要3到5年的时间才能完成。可是，他们完全无视这一警告。显然，他们认为，通过运用科学管理的大部分机制，结合"积极性加激励"的管理原则，而非完全使用科学管理的原则，可以在一两年内完成已经被证明至少需要数倍时间才能完成的事。

例如，精确的工时研究是一个有力的工具，可以用来促进工人和管理者之间的和谐关系，逐步教育、培训和引导工人采用新的、更好的工作方法；或者，在另一种情况下，它可以或多或少作为一个指挥棒，来促使工人以与过去大致相同的报酬做更多的工作。不幸的是，负责这项工作的人没有花费时间和精力，也没有培养以后可以领导和教育工人的领班或老师。他们试图通过原来的领班制度，用新武器（精确的工时研究），违背工人的意愿，驱使他们在没有增加多少工资的情况下更加努力地工作，而不是逐渐地教导和引导他们实行新的方法,并通过直观教学方式去说服他们,让他们知道,虽然科学管理对他们来说意味着要更加努力地工作,但也意味着更大的财富。所有这些无视根本原则的行为导致了一系列的罢工,随之而来的是企图进行变革的人的垮台,最后,整个机构内部的状况远比在实施变革之前更加糟糕。

引用这一实例,是为了说明滥用新的管理机制而忽略其本质是徒劳无益的,也说明完全无视过去的经验而试图缩短必要的实施时间是徒劳的。应该强调的是,从事这项工作的人既能干又认真,他们的失败不是因为缺乏能力,而是因为他们要做不可能办到的事情。这些个别的人不应该再犯类似的错误,希望他们的经历可以警示其他人。

在这方面,应当再次指出,在我们从事推广科学管理工作的 30 年间，那些按照科学管理原则办事的工厂从来没有发生过罢工，即使是在从旧到新的变革的关键时期也没有发生过。如果有这方面工作经验的人使用适当的方法，绝对不会有罢工或其他麻烦。

我坚持认为，在一家工种复杂的企业中，除非公司领导们充分理解和相信科学管理的基本原则，而且认识到进行这种变革所涉及的一切因素，特别是所需的时间，并非常希望进行科学管理，否则，这些公司的经理就不要尝试变革。

毫无疑问，一些对工人利益特别关注的人会抱怨，在科学管理制度下，工人比以前多做了 1 倍的工作，却没有拿到双倍的工资；而对公司利润更加关注的人却会抱怨，在这种制度下，工人得到的工资比以前高得多。

例如，能干的生铁搬运工经过培训之后，搬运量是不称职的工人的3.6倍，但他的工资仅增加60%。

然而，在所有因素都被考虑进去之前，做出任何最终判决都是不公平的。关注一下就能发现，这里涉及两个利益方：工人和管理者。我们忽视了第三个利益方，即作为消费者的全体人民。他们购买前两个利益方的产品，并最终支付工人的工资和管理者的利润。

因此，人民的利益大于管理者或工人的利益，这个第三方应该从全部收益中得到他应得的份额。事实上，纵观工业发展历史，我们可以发现，工业的进步最终会给全体人民带来更多的利益。例如，在过去的100年里，有利于增加产量，从而促进文明世界繁荣的最大因素，就是引进机器来代替手工劳动。毫无疑问，通过这种改变，作为消费者的全体人民得到了最多的利益。

短时期内，通过专利发明，那些发明了新机器的人获得了极大的收益。虽然在大部分情况下，只有工人得到了更高的工资、缩短了工作时间、改善了工作条件，但是最终，最大的收益还是流向了全体人民。

科学管理的应用也符合这一规律，正如使用机器带来的影响一样。

我们再回到生铁搬运工的例子。我们要假定，大幅度增加产量所得的大部分收益，最终会以更便宜的生铁的形式使全体人民受益。在决定如何于工人和管理人员之间求得利益平衡，即如何才能保持公正和公平，让工人得到补偿，留下的作为公司利润之前，必须将问题考虑全面。

第一，正如我们之前所说，生铁搬运工并非稀有人种，不难找到。他只是体力源源不绝，像一头公牛。

第二，在科学管理下，工作会让工人疲劳，但这种疲劳程度与其他健康的普通劳动者相同。（如果这个工人因为工作而过于疲劳，就说明给他规定的任务是错误的，这与科学管理的目标相去甚远。）

第三，这个工人一天的工作基于通过培训掌握的生铁搬运科学，而非自己的主动性或独创性。

第四，同等级别的工人（考虑到他们的综合能力）在他们尽最大努力工作的时候，应该得到差不多的工资，这是公正和公平的。（例如，给这个工人支付和他同等级、付出同样诚实劳动的人3.6倍的工资，这对其他劳动者是极不公平的。）

第五，正如前文所解释的那样，他所得到的60%

加薪并不是由于工厂或监工的武断决定，而是长期进行的一系列认真实验的结果。这些实验不偏不倚地确定，在考虑到所有因素的情况下，什么样的补偿才真正符合人的最佳利益。

因此，我们应该明白，为生铁搬运工加薪60%不是出于怜悯，而是对他取得的成就的祝贺。

然而，在许多情况下，事实比说教或理论更有说服力。而且一个重要的事实是，在过去30年中，在这一管理制度下工作的工人对他们得到的加薪非常满意，而他们的雇主也同样对利润的增加感到满意。

有些人认为，面对确凿的事实，越来越多的第三方（全体人民）将坚信他们会得到公平待遇，我也是这么认为的。这就成了管理者和工人发挥最大效率的原动力。于是，这样的管理者将不再被容忍：只关注企业利润；拒绝承担其全部工作职责；只会

第二章 科学管理的原理

对工人挥舞鞭子，试图迫使他们以低工资从事更艰苦的工作。而且，工人提出的苛求也无法被容忍：工资越来越高，工作时间越来越短，对提高工作效率的关注越来越少。

科学管理是合理分配经过管理者、工人的共同努力获得的利润的唯一途径，其唯一目的是通过对所有要素进行公正的科学调查，使各方都能获得公平。在一段时间内，工人们会憎恨他们基于经验的方法被干涉，管理者则不愿意承担新的职责。但是最终，这种开明的模式将成为共识，会促进管理者和工人接受新的管理方法。

毫无疑问，人们会声称，在上文中，没有任何过去不为人所知的新事实被揭露出来。这是真的。科学管理不一定是什么伟大的发明，也不是什么新的或令人吃惊的事实。然而，它确实结合了过去存在的某些要素，即收集原来的知识，进行分析和组合，并归类成规律和规则，从而归纳成一门科学。通过实行科学管理，工人和管理者会和谐相处，在对待各自职责方面，心态有了彻底改变，二者之间的职责有了新的分工。他们的亲密和友好合作的态度，在旧的管理制度下是不可能实现的。如果没有逐步发展起来的新的管理机制的支持，这一切在很多情况下都不可能存在。

　　构成科学管理的不是单一要素，而是各个要素的集成，可以概括为：

　　　　科学，而不是单凭经验的方法。
　　　　协调，而不是分歧。
　　　　合作，而不是个人主义。
　　　　最高的产量，而不是有限的产量。

第二章 科学管理的原理

发挥每个人的最高效率,实现财富最大化。

我再次声明:"在没有周围人帮助的情况下,独自一人取得伟大个人成就的时代很快就会过去。总有一天,所有伟大的成就都将通过与他人长期的合作来达成。在这种合作中,每个人都履行最适合自己的职能,保留自己的个性,在自己的专业方面是权威,同时每个人都不丧失自己的独创性和适当的个人主动性,保证与其他人密切协作。"

上面给出的在新管理体制下实现增产的例子,其收益具有充分的代表性,并不是特殊或例外的情况,而是从现有的上千个实例中挑选出来的。

现在,让我们考察一下采用这些原则后可能产生的好处。

总体来说,它会为全世界带来最大的收益。

和过去的若干代相比,现在这一代人获得了极大的物质利益。这一代人在付出一定努力后,所生产出的有价值的东西,是过去一般人生产的东西的2倍、3倍甚至4倍。当然,人类劳动生产率的提高,除了个人心灵手巧之外,还有许多其他的原因,比如蒸汽机和电器的发明与应用,机器的使用,大大小小的发明,以及科学和教育的进步。但是,不管这种生产能力的增长出于什么原因,整个国家的繁荣都应归功于每个人劳动生产率的提高。

那些担心工人的劳动生产率大幅度提高会使其他人失业的人应该认识到,文明国家与不文明国家,繁荣国家与贫困国家的最大区别就在于劳动生产率。一个地区的人均劳动生产率可能是另一个地区的五六倍。事实是,造成英格兰(也许是世界上最有活力的国家)大部分人口失业的主要原因是,英格兰的工人的劳动生产率比其他文明国家受到了更多的、有意的限制。因为他们认为，努力工作不符合他们的最大利益。

　　科学管理的普遍采用，将来很容易使从事工业生产的普通工人的劳动生产率成倍增长。想想这对整个国家意味着什么。劳动时间缩短了，人们能够享受的生活必需品和奢侈品增加了，教育、文化和娱乐机会也大幅增加，这又意味着什么？当全世界都因为这种增产而获利时，制造商和工人更关心的却是他们本身和周围直接相关的人能够得到的个别利益。对于采用科学管理，特别是那些首先采用它的人来说，它意味着消除了管理者和工人之间几乎所有争议和分歧的根源。什么是一个合理的工作日，已经不再是谈判和讨价还价的主题，而是科学研究要解决的问题。"磨洋工"将不复存在，因为它的目标已经不存在了。伴随这种管理方式而来的工资的大幅度增加将在很大程度上消除因工资引起的争端。但是比起其他原因，双方亲密的合作，稳定的个人关系，更能减少双方的摩擦和不满。劳资双方的利益是相同的，他们整天为了同一个目标并肩工作，就很难继续争吵下去。

随着产量成倍增长，生产成本下降，将使那些采用这种管理方式的公司，特别是那些首先采用的公司，能够比以前更有竞争力。这将使它们的市场得以扩大，使得它们的员工即使在淡季也能有活儿干，并且在任何时候都能获得更大的利润。

这意味着增加财富，减少贫穷，受益者不仅是这些工人，还有他们所在的整个社会。

实现产量增长的要素之一是，每个工人都经过了系统的培训，能够发挥最高的工作效率。经过教育之后，他们可以做比旧式管理方式下更高级的工作；与此同时，他对管理者和整个工作环境都有一种友好的心态，而在此之前，他大部分时间都在接受批评，被监视，有时甚至和其他人吵架。在这个制度下工作的所有人会得到直接收益，这无疑是整个问题中最重要的一个因素。

上述成果的实现，难道不比解决目前困扰英美两国人民的大多数问题更为重要吗？作为熟悉这些事实的人，工程师们正努力使整个社会认识到这些问题的重要性，这不正是我们的职责吗？

图书在版编目(CIP)数据

科学管理原理 /（美）弗雷德里克·温斯洛·泰勒著；利恒译. —北京：中央编译出版社，2023.9
ISBN 978-7-5117-4477-7

Ⅰ.①科… Ⅱ.①弗… ②利… Ⅲ.①科学管理 Ⅳ.① C931

中国国家版本馆 CIP 数据核字（2023）第 157224 号

科学管理原理

责任编辑 赵可佳
特约编辑 王丽芳
责任印制 李　颖
出版发行 中央编译出版社
地　　址 北京市海淀区北四环西路 69 号（100080）
电　　话 （010）55627391（总编室）　　（010）55627319（编辑室）
　　　　　　（010）55627320（发行部）　　（010）55627377（新技术部）
经　　销 全国新华书店
印　　刷 三河市华润印刷有限公司
开　　本 880 毫米 ×1230 毫米　1/32
字　　数 63 千字
印　　张 6
版　　次 2023 年 9 月第 1 版
印　　次 2023 年 9 月第 1 次印刷
定　　价 49.80 元

新浪微博：@中央编译出版社　　　**微　信**：中央编译出版社（ID：cctphome）
淘宝店铺：中央编译出版社直销店（http://shop108367160.taobao.com）（010）55627331

本社常年法律顾问：北京市吴栾赵阎律师事务所律师　闫军　梁勤
凡有印装质量问题，本社负责调换，电话：（010）55626985